国家宏观经济政策普及读本

货币政策
学习百问

HUOBI ZHENGCE
XUEXI BAIWEN

中国人民大学国际货币研究所
组织编写

人民出版社

C 目 录
CONTENTS

三、货币政策的中间目标

篇 三

★ 货币政策主要工具 ★

一、数量型货币政策工具

二、价格型货币政策工具

三、货币政策工具的创新

四、货币政策工具的选择和使用

篇　四

★ 货币政策传导机制 ★

一、货币政策传导机制的界定与实践

目 录
CONTENTS

篇 五

★ 货币政策的效应及协调机制 ★

一、货币政策的效应分析

二、货币政策与宏观审慎政策的协调机制

三、货币政策与财政政策的协调机制

篇 六

★ 开放条件下的货币政策 ★

一、汇率与汇率制度

篇　一

货币与货币均衡

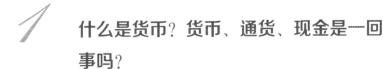

货币

1 什么是货币？货币、通货、现金是一回事吗？

货币是为了提高交易效率而用于交换的中介商品。从古至今，货币表现为多种形式，如贝壳、粮食等自然物，金属、纸张等加工品，借记卡、信用卡等磁卡，支付宝、微信等移动支付应用，以及数字货币等。作为日常生活中不可或缺的工具，货币提升了人与人之间商品交易的效率。当人们论及货币时通常隐含了多种不同的意义，最为普遍且为一般民众所使用的是"现金"的概念，即货币的实物形态。在现在的信用货币体系下，"现金"指的是一国中央银行所发行的纸钞和硬币，但现金仅为货币的其中一种形态。经济学上也并非简单以通货和现金等来描述货币的实际内涵。货币的属性因经济体系的兴衰而不断演变，在不同的经济环境中，人们可能会在作为货币的不同中介商品上

003

达成共识。

通货是指在社会经济活动中作为流通手段的货币。通货是货币中作为交换媒介形式的部分，也是各国货币供应量中无须背书的部分，只包括纸币、硬币，不包括货币的存储功能及其他支付手段。由于通货的使用是基于货币法律的概念，也就是由政府决定要使用哪一种货币，大部分国家会发行自己本国的通货，并不允许外国通货在本国自由流通，如人民币是中国的通货，美元是美国的通货，欧元是欧元区国家的通货。各国通货根据汇率可以在通货领域进行交换，通货能否保持稳定，取决于货币当局发行总量能否与流通中的货币实际需求量相适应。

现金是指以纸币和硬币形式存在的货币。它是最直接的支付手段，可以用于现场交易和日常消费。法币现金具有法偿性，即在该国无须兑换即可自由流通。现金在今天依然具有无可替代的地位，这首先是由其法定地位决定的。根据《中华人民共和国中国人民银行法》和《中华人民共和国人民币管理条例》，人民币现金（包括纸币和硬币）是我国的法定货币，任何单位和个人都不得拒绝使用，否则就是违法行为。2020年12月，中国人民银行就规范人民币现金收付行为对外发布公告，要求大中型商业机构特别是批发和零售业、餐饮和住宿业、居民服务业、文化体育和娱乐业等经营场所，应设置现金收付通道。铁路、道路客运、城市公共汽电车、城市轨道交通、港口客运站、轮渡码头等经营主体，也应设置现金收付通道或提供转换手段。社会公众遇到拒收现金行为，可依据《中国人民银行公告》(2020 年第 18 号),依法维权。

 货币是怎样产生的?

　　货币的出现是与交换联系在一起的,根据史料的记载和考占的发掘,在世界各地,交换都经过了两个发展阶段:先是物物直接交换;然后是通过媒介的交换。中国古代具有代表性的观点大体有两种:一种是先王铸币说,据《管子·国蓄》记载:"先王为其途之远,其至之难,故托用于其重,以珠玉为上币,以黄金为中币,以刀布为下币。"即货币之所以存在是由于先王的意旨和睿智。另一种是司马迁的论断,他在《史记·平准书》中说:"农工商交易之路通,而龟贝金钱刀布之币兴焉。"即货币产生于交换的发展之中。

　　马克思从商品和商品交换着手分析货币起源。在远古的原始共同体中,劳动产品归整个共同体所有,并由共同体统一分配。随着社会分工和私有制的出现,每个生产者开始只从事某种特定的具体劳动,生产一种或有限几种商品,而整个社会的需求则是靠所有生产者所生产的各种产品来满足。如何将各个生产者在个人决策生产出的私有产品转化为社会总体所需求的社会产品,这便产生了社会劳动与私人劳动之间的矛盾。私人产品必须纳入社会总产品中进行分配，即私人劳动要求社会承认它具有社会意义并转化成社会劳动。由于特定产品的生产者也需要别人的劳动产品，所以也要在社会总产品中得到分配一定份额的权利，解决此矛盾的唯一途径就是交换。当产品的交换成为具有普遍意义的经济行为时，产品生产的性质就会发生改变，为交换而生产的劳动产品构成了一个新的经济范畴——商品。商品交换过程的首要条件是商品之间的交换比例让双方认为互不吃亏，这便产生了商品的价值认同，价值只存在于商品交换的关系中，只有在交换关系中才能得到表现。商品价值的形式随着交换的发展而不断发展，可以将其发展的过程概括为简单的、偶然的价值形式和扩大的价值形式，两种价值形式阶段都是物物的直接交换。物物交换的矛盾之所以凸显，是由于进入交换领域的物品越来越多，交换行为日益频繁，便有了一种商品渐渐在所有交换过程中流行，这个用来表现所有物品价值的媒介，马克思称之为一般等价物；用一般等价物表现所有物品价值，马克思称之为一般价值形式，这种充当一般等价物的特殊商品便成了货币商品。马克思的上述论述将货币起源理论推进到一个新的高度。他用最完整的劳动价值论揭示出推动这一进程的本质矛盾，那就是从社会分工和私有制揭示劳动作为社会劳动和私人劳动的矛盾统一体，进而揭示价值的实质及其表现的必然途径。然后，通过价值形式的发展得出货币这一范畴出现在经济生活中的客观必然性。

货币搜寻模型由清泓（Kiyotaki）和怀特（Wright）于1993年提出，该理论模型指出，物物交换中存在"需求双向不吻合"的问题，而货币的存在可以使这一问题得到解决，使单向巧合也可以发生，这也是人们接受货币的原因。清泓更进一步根据该模型提出，尽管货币不是收益率最高的资产，但是人们在交换中也愿意接受它，因为它是最有商业信用的交易媒介；货币主要是通过其自身购买力的变化而影响实际经济，政府的货币政策和信用制度可以通过影响货币购买力而作用于经济。尤其是可以使货币的购买力和价格水平联系在一起。货币搜寻理论为研究通货膨胀、金融信用和货币政策等提供了新的思路和方法。

货币名目论亦称"名目主义"，是与货币金属论相对立的资产阶级货币理论。名目主义在17—18世纪形成，早期的代表人物有英国的唯心主义哲学家贝克莱和斯图亚特等。货币名目论又叫货币工具论，是从货币的关键职能如流通手段等角度来认识货币，完全否定货币的商品性和价值性，认为货币不是财富，只是一个符号、一种票证，是名目上的存在，是便利交换的技术工具。货币名目论的错误在于，否认了货币的商品性质，否定了金银这些有价值的商品充当货币的历史和现实，混淆了货币的本质和职能；但因为目前流通的银行券没有内在价值，也不能兑现，是由国家法律强制流通的货币符号，所以这种理论现在还有影响。货币名目论的观点是片面的，是从货币的个别职能认识货币本质，抓住货币的一个侧面论述货币的本质。

货币的主要职能有哪些?

货币的主要职能有：赋予交易对象以价格形态；交易媒介或流通手段；积累和保存价值的手段。

赋予交易对象以价格形态。在现代经济生活中，作为交易的对象，无论是商品、服务，还是股票国债等金融产品，都具有价格。价格是由一定的货币金额表示的，商品、服务的价格是最早的价格形态，马克思把货币赋予交易对象以价格形态的职能定名为价值尺度，对于价值尺度职能的剖析则是基于其劳动价值学说。所有商品之所以具有用货币商品表示的价格，是因为它们都是劳动的产品。解释今天的货币如何度量劳动，是价值价格理论的新课题；但无论如何，货币通过价格形态使商品、服务能够相互比较，依然是客观存在的。价格的倒数是货币购买力（Purchasing Power of Money）。价格高，则货币购买力低；反之，则货币购买力高。货币购买力是对所有商品而言的，所以它不是某种商品价格的倒数，而是所有商品平均价格的倒数。

交易媒介或流通手段。在经济社会几乎所有的市场交易中，以通货或支票形式出现的货币都是交易媒介，货币被用来购买产品和服务。运用货币作为交易媒介，节省了产品和服务交易的时间，因而提高了经济效率。

物物交换是商品所有者拿着自己的商品去找持有自己所需商品的所有者进行交换。有了货币之后，商品所有者可以先把商品换成货币，即"卖"出；然后再用货币换取所需要的商品，即"买"进。这样，商品的交换过程就变成买与卖两个过程的统一。在买与卖的过程中，商品是被卖者带进交易过程并力求将它换成货币；而买者一旦用货币换进商品，商品就会退出交易过程——或用于消费，或用于经营。在商品进进出出的同时，货币处于这一过程之中并作为媒介为交易服务。以货币作为媒介的商品交换是一个连绵不断的过程，这个过程被称为商品流通。而在商品流通中起媒介作用的货币，被称为流通手段，或购买手段、交易媒介。

价值尺度与流通手段的统一是货币。在马克思关于货币职能的论证中，价值尺度和流通手段是作为货币的两个最基本的职能来剖析的：商品要求自己的价值表现出来，从而需要一个共同的、一般的尺度；商品要求实际转化为与自己价值相等的另一种商品，从而需要一个为社会所公认的媒介。当这两个最基本的要求由一种商品来满足时，这种商品就取得了充当货币的资格。"一种商品变成货币，首先是作为价值尺度和流通手段的统一，换句话说，价值尺度和流通手段的统一是货币。"①

积累和保存价值的手段。具备价值尺度和交易媒介职能的货

① 《马克思恩格斯全集》第31卷，人民出版社1998年版，第518页。

币一经产生，便立即具备了用来积累价值、保存价值、积累财富、保存财富的职能，即跨越时间段的购买力的储藏。价值储藏可以将购买力从获得收入之日起储蓄到支出之日。

随着现代货币流通的发展，人们除了以金银积累和保存价值外，主要还是采取在银行存款和储蓄的方式；直接储存纸货币符号的也不少。对企业和个人来说，这些方式同样有积累和保存价值的意义，但从整个社会角度来看，则并不意味着有对应数量的真实价值退出流通过程。纸货币符号和各种存款表明持有者具有从社会中取得相应数量的商品和服务的权利；持有者推迟了他们对这种权利的利用，目的是以待来日利用，这正是储存货币对个人和企业的意义所在。至于储存者并未享有的商品和服务，却通过种种方式被用于生产、流通和投资等过程之中。从这个角度看，货币作为积累和保存价值、财富的职能所发生的这种变化正是社会进步的表现。

 货币有哪些形态？货币形态的演进有何内在规律？

作为交易媒介最早的货币——贝。中国最早的货币是自然的海贝，一种非金属自然货币。商周的青铜器铭文和甲骨文都有关于用"贝"作赏赐的记载；墓葬发掘的陪葬品中也有大量可推断是用作货币的贝。贝流通时间的下限大约是在金属铸币广泛流通的春秋之后。在汉字中也可看出贝作为货币长期存在的事实：很多与财富有联系的字，其偏旁都为"贝"，如货、财、贸、贷、贫等。

金属铸币。作为货币的商品应当具有如下四个特征：一是价值较高，二是易于分割，三是易于保存，四是便于携带。随着交换的发展，对币材的要求越来越高，金属便在货币商品的竞争中脱颖而出。金属可按不同比例任意分割，在分割后还可冶炼还原，并且易于保存。金属作为货币的先后顺序并非简单地、严格地从贱金属向贵金属过渡。中国最早的货币金属是铜和金两种。商代的墓葬中曾出土有铜铸的贝（铜铸成海贝的形状）。进入周代以后，中国一直是铜本位的天下，直至20世纪30年代还有铜元流通。到战国时期，在古籍中已有很多用黄金论价、估价财富、馈赠、赏赐的记载。到了西汉，在准确的记载中，黄金不断出现，赏赐动辄以数十斤、数百斤甚至以万斤、十万斤计。白银，在西汉的著述中已经出现，但直到宋代才逐渐成为货币材料，其行用历史直到20世纪30年代方告终止。

上文所述的铜铸贝是中国最古老的金属铸币，从形制看有"布""刀"和铜贝（通常称"蚁鼻钱"）等。到战国中期，在刀和布流行的地区，特别是在秦国，开始大量流通圜钱。圜钱是铜铸的圆形铸币，有圆孔和方孔两类。圆形方孔的秦"半两"钱在中国铸币史上占有重要地位。在秦统一中国的前后，正是这种形态的铜铸币统一了中国的铸币流通。而到秦汉之际，出现了一次全国性的货币流通大紊乱。经过汉初百年的摸索，于汉武帝时建立了"五铢"钱制度（一铢等于 1/24 两），自汉至隋行用七百余年。唐朝建国后整顿币制，以"开元通宝"代替了五铢钱，以后各代基本沿用此形制，直至清代。

用纸做的货币。中国在 10 世纪末的北宋年间，已有大量用纸印制的货币，称作"交子"，成为经济生活中重要的交易手段。原由四川商人联合发行，后由官方设置专门机构发行，遂流通范围从四川扩及各地，成为南宋的一种主要货币。此外，元代的"中统钞"和"至元钞"、明代的"大明宝钞"均为中国古代纸币的代表。而后由于铜钱与白银流通量的增大，以及宝钞的滥发和急剧贬值，中国式纸钞流通遂逐渐退出经济舞台。

银行券与信用货币。银行券（banknote）是随着现代银行业的发展而首先在欧洲出现的一种用纸印制的货币。最初，一般商业银行都可发行银行券。发行银行券的银行，保证随时可按面额兑付金币、银币。到 19 世纪，在工业化国家中，先后禁止商业银行发行银行券并把发行权集中于中央银行。19 世纪末 20 世纪初，在银行券广泛流通的同时，贵金属铸币的流通数量日益减少，表现出纸制钞票将取代铸币流通的趋势。与银行券同时流通的，还有一种由国家发行并强制行使的纸制货币。人民币是从1948 年 12 月 1 日开始由刚刚组建的中国人民银行发行的不兑现银行券，这标志着中华人民共和国货币制度的建立。世界各国发行的货币，基本都属于信用货币。信用货币是由银行提供的信用流通工具。它与贵金属完全脱钩，不再直接代表其他贵金属。它是货币形式进一步发展的产物，是金属货币制度崩溃的直接结果。

可用于转账结算的存款账户。现代银行的一项重要业务是给工商业者开立支票存款账户，通过支票的收付，付款人在银行存款账户上的相应款项转为收款人在银行存款账户上的款项。这样的过程称为转账结算。可用于转账结算的存款，与银行券同样发挥货币的作用。所以这种可签发支票的存款被称为存款货币。在电子货币时代，即使不能开具支票的账户，如个人活期存款账户，因为不需要取出现金就可以交易，故其也具有了存款货币的属性。

数字货币。数字货币一般代指央行发行的中央银行数字货币（CBDC），由主权国家货币当局统一发行，以国家信用为价值支撑，具有无限法偿性。与实物法币相比，央行数字法币变的是技术形态，不变的是价值内涵。那么，当前被广泛使用的电子货币与央行数字货币有何不同？简单来说，电子货币是通过电子化方式支付的货币，其本质上是法定货币的电子化和网络化，按照发行主体和应用场景分为储值卡、银行卡、第三方支付等。央行数字货币相较于电子货币有更强的法偿性、更高的安全性、更好的便捷性等特点。央行数字货币是人民币发展到数字经济时代的新形态，顺应了数字经济发展潮流。

5 黄金是货币吗？

黄金首先是一种资产，其稀有性使黄金十分珍贵，而黄金的稳定性使其易于保存，所以黄金不仅成为人类的物质财富，而且成为人类储藏财富的重要手段。其次，黄金是一种货币，黄金作为货币的历史十分悠久，欧洲出土的古罗马亚历山大金币距今已有 2300 多年，波斯金币已有 2500 多年的历史。现存中国最早的金币是春秋战国时楚国铸造的"郢爰"，距今也已有 2300 多年的历史。但是这些金币只是在一定区域内流通使用的辅币。黄金成为一种世界公认的国际性货币是在 19 世纪出现的"金本位"时期。"金本位制"即黄金可以作为国内支付手段，用于流通结算；可以作为外贸结算的国际硬通货。

虽然早在 1717 年英国首先施行了金本位制，但直到 1816 年才正式在制度上给予确定。之后德国、瑞典、挪威、荷兰、美国、法国、俄国、日本等国纷纷宣布施行金本位制。金本位制是黄金货币属性表现的高峰。世界各国施行金本位制长者达 200 余年，短者有数十年，而中国一直没有施行过金本位制。之后由于世界大战的爆发，各国纷纷进行黄金管制，金本位制难以维持。第二次世界大战结束前夕，美国主导召开了布雷顿森林会议，决定建立以美元为中心的国际货币体系，美元与黄金挂钩，美国承诺担负起以 35 美元兑换 1 盎司黄金的国际义务。但是 20 世纪 60 年代相继发生了数次黄金抢购风潮，加之深陷越南战争的泥潭使美国超量发行货币，美国为了维护自身利益，先是放弃了黄金固定官价，后又宣布不再承担兑换黄金义务，因此布雷顿森林货币体系瓦解，于是开始了黄金非货币化改革。这一改革从 20 世纪 70 年代初开始，到 1978 年修改后的《国际货币基金协定》获得批准，可以说制度层面上的黄金非货币化进程已经完成。

马克思说过："金银天然不是货币，但货币天然是金银。"① 正如在金本位制之前，黄金就发挥着货币职能一样，在制度层面上的黄金非货币化并不等于黄金已完全失去了货币职能：（1）外贸结算不再使用黄金，但最后平衡收支时，黄金仍是一种贸易双方可以接受的结算方式。（2）黄金非货币化并未规定各国庞大的黄金储备的去向，就连高举黄金非货币化大旗的国际货币基金组织也仅规定处理掉 1/6 黄金储备，而保留了大部分黄金储备，显然保留了黄金作为货币的可能性。（3）20 世纪 90 年代末诞生的欧元货币体系，明确黄金占该体系货币储备的 15%，这是黄金货币化的回归。（4）黄金仍是可以被国际接受的继美元、欧元、英镑、日元之后的第五大国际结算货币，可视为一种准货币。

---

① 马克思：《资本论》第一卷，人民出版社 2004 年版，第 108 页。

央行数字货币是怎样诞生的？

　　首先需要区别货币数字化和货币信息化两个概念。诸如银行存款、余额宝和微信支付等支付手段，只是一种基于电子账户实现的支付方式，本质上是一种现有法定货币的信息化。而货币数字化则是指货币从发行阶段开始就已经没有了实物形态，无论是基于分布式账本还是中心化的数据库，其发行的货币都可以被用于真实的商品和服务交易。其中，央行数字货币与以比特币为代表的虚拟数字货币有本质上的不同。

　　中央银行数字货币是由各国中央银行发行和监管的现金的数字形式，与加密数字货币不同，他们具有法偿性并且价值上趋于稳定，不会有剧烈波动。央行数字货币的类似概念在30多年前就已经产生。1993年，芬兰银行推出了Avant智能卡，一种电子形式的现金，尽管该系统在2000年初就被放弃，但仍被认为是世界上第一个央行数字货币。近年来，随着技术的进步和现金使用频率的下降，对央行数字货币的研究在全球范围内蓬勃发展。世界各国的中央银行开始积极探索央行数字货币的潜在好处，包括提高支付系统的效率和安全性、消除通过现金结算的非法交易和洗钱活动，以及央行对特殊群体的直接援助等。除了促进金融包容性外，央行数字货币还可以为国内支付系统带来更强大的韧性，并促进更多竞争，这可能会带来更好的货币获取途径，提高支付效率，从而降低交易成本。央行数字货币还可以提高资金流动的透明度，并有助于减少货币替代的情况。

虚拟数字货币则是由密码学家和计算机科学家研究出的一套去中心化的数字货币系统，其背后只有算法支持而没有国家信用背书，虽然其货币也能够购买商品和服务，但是其价值波动剧烈。当前，全球仍有数千种加密货币，由于区块链和分布式账本技术的推广，加密货币种类层出不穷，一些加密货币被归为赤裸裸的骗局。2021 年 9 月 24 日，中国人民银行发布通知，全面禁止与虚拟货币结算和提供交易者信息有关的服务。从事非法金融活动将被追究刑事责任。境外虚拟货币交易所通过互联网向中国境内居民提供服务同样属于被禁行列，相关部门将强化对与之相关的一切行为的监控。

数字人民币是什么？零售型和批发型数字人民币有什么区别？

数字人民币（E-CNY）是中国人民银行发行的法定数字货币，主要定位于流通中的现金（M_0），由指定运营机构参与运营并向公众兑换，货币以电子形式支付，价值与人民币的纸钞和硬币同等。数字人民币目前已在部分地区开展测试。2014年，中国人民银行成立中国人民银行数字货币研究所及数字货币研究专门团队，开始对数字货币发行框架、关键技术、发行流通环境及相关国际经验等问题进行专项研究。2017年末，经国务院批准，中国人民银行组织部分大型商业银行和有关机构共同开展数字人民币体系（DC/EP）的研发。数字人民币体系在坚持双层运营、现金（M_0）替代、可控匿名的前提下，基本完成了顶层设计、标准制定、功能研发、联调测试等工作。2020年8月，商务部印发《全面深化服务贸易创新发展试点总体方案》，在"全面深化服务贸易创新发展试点任务、具体举措及责任分工"部分提出，在京津冀、长三角、粤港澳大湾区及中西部具备条件的试点地区开展数字人民币试点。数字人民币的概念有两个重点：第一，数字人民币是数字形式的法定货币；第二，数字人民币与纸钞和硬币等价。数字人民币将与实物人民币长期并存，主要用于满足公众对数字形态现金的需求，助力普惠金融。截至2024年3月28日，"数字人民币"APP试点范围已扩大至17个省份的26个试点地区，各地交易规模保持增长态势。

央行数字货币分为批发型央行数字货币和零售型央行数字货币。批发型央行数字货币，主要面向商业银行等机构类主体发行，多用于大额结算；零售型央行数字货币，则面向公众发行，并用于日常交易。各主要国家或经济体研发央行数字货币的重点各有不同，有的侧重批发交易，有的侧重零售系统效能的提高。数字人民币是一种面向社会公众发行的零售型央行数字货币，立足国内支付系统的现代化，充分满足公众日常支付需要，将进一步提高零售支付系统效能，降低全社会零售支付成本。

 ## 8 货币制度由哪些要素组成？

从有文字记载的历史以来，各国在货币问题方面都制定了种种法令。这些法令反映了国家在不同程度、从不同角度对货币所进行的控制，其意图是建立符合本国政策目标，并由自己操纵的货币制度（Monetary System）。一般来说，有秩序的、稳定的，从而能为发展经济提供有利客观条件的货币制度，是各国政府共同追求的目标。但没落的王朝在非常时期操纵货币制度，则往往是为了搜刮国民财富，以及弥补财政亏空。完善的货币制度日益成为一国建立宏观调控系统的重要内容，以便有效地利用货币来实现经济发展的目标。货币制度大体涉及：货币材质、货币单位、流通中货币种类的确定；对不同种类货币的铸造和发行的管理；对不同种类货币的支付能力的规定；等等。所有这些方面，又称货币制度的构成要素。

币材的确定是指国家规定哪种或哪几种商品为币材，实际上是对已经形成的客观现实从法律上加以肯定。在漫长的历史中，往往有两三种币材并行流通。在中国，从先秦直到清代，铜一直是官方肯定的币材，但是与之相辅的币材最开始是贝，后是金，然后是帛，再后是白银。有时是三种币材同时存在，如宋代的银、铜、铁并行流通。在西欧，有很长一段金、银并行流通的时期。19世纪末20世纪初，世界主要工业化国家普遍实现了金本位制。20世纪70年代后，各国的法令中都抹掉了以任何商品充当币材的规定。

货币单位包括两个方面：货币单位的名称和货币单位的"值"。按照国际习惯，一国货币单位的名称往往就是该国货币的名称；几个国家同用一个货币单位名称，则在前面加上国家名号。货币单位的"值"则是指一个货币单位所包含的货币金属重量和成色。

货币法定偿付能力（Legal Tender Powers）是现代货币制度的重要内容。只要国家干预货币，就必然有法律对货币支付能力的规定。例如，统治者对自己铸造的贵金属成色不足的货币和对自己发行的纸做的货币都以法律作为支持，不准拒用。不过，定规的、明确有限法偿与无限法偿区分的制度则是在资本主义货币制度的建立过程中形成的。无限法偿是指法律规定的无限制偿付能力，其含义是：法律保护取得这种能力的货币，无论每次支付数额多大，以及属于何种性质的支付，即在购买商品、支付服务、结清债务、缴纳税款等情况下，支付的对方均不得拒绝接受。取得这种资格的货币，在金属铸币流通时是本位铸币，后来是不兑现的中央银行的银行券。虽然活期存款在经济生活中是普遍被接受的，但一般不享有法偿的资格。有限法偿主要是对辅币规定的，其含义是：在一次支付行为中，超过一定的金额，收款人有权拒收；在法定限额内，拒收则不受法律保护。

9 国际货币体系的沿革

金币本位制。金币本位制是以黄金作为货币金属进行流通的货币制度。1816 年，英国颁布了《金本位制度法案》，开始实行金本位制，促使黄金转化为世界货币。1871 年，德国宣布实行金本位制。1873 年，丹麦、瑞典、挪威等国也相继实行金本位制。到 19 世纪末、20 世纪上半期，资本主义各国已经普遍推行了这一货币制度。

金币本位制的主要内容包括：（1）用黄金来规定货币所代表的价值，每一货币都有法定的含金量，各国货币按其所含黄金的重量而有一定的比价；（2）金币可以自由铸造，任何人都可按法定的含金量，将金块交给国家造币厂铸造成金币，或以金币向造币厂换回相当的金块；(3) 金币是无限法偿的货币；(4) 各国的货币储备是黄金，国际结算也使用黄金，黄金可以自由输出或输入。从这些内容可以看出，金币本体制有三个特点：自由铸造、自由兑换和自由输出入。由于金币可以自由铸造，金币的面值与其所含黄金的价值就可保持一致，金币数量就能自发地满足流通的需要，从而起到货币供求的作用，不会发生通货膨胀和货币贬值。由于黄金可在各国之间自由转移，这就保证了外汇行市的相对稳定与国际金融市场的统一，因而金币本位制是一种比较健全和稳定的货币制度。

第一次世界大战前夕，各帝国主义国家为了准备战争，加紧对黄金的掠夺，使金币自由铸造与自由兑换受到严重削弱，黄金的输出和输入受到严格限制。第一次世界大战爆发以后，帝国主义国家军费开支急剧增加，纷纷停止金币铸造和兑换，禁止黄金输出和输入，从根本上破坏了金币本位制赖以存在的基础，导致了金币本位制的彻底崩溃。

金块本位制与金汇兑本位制。第一次世界大战以后，一些资本主义国家经济受到通货膨胀、物价上涨的影响，加之黄金分配的极不均衡，已经难以恢复金币本位制。1922 年在意大利热那亚城召开的世界货币会议上决定采用"节约黄金"的原则，实行金块本位制和金汇兑本位制。

实行金块本位制的国家主要有英国、法国、美国等。在金块本位制下，货币单位仍然规定含金量，但黄金只作为货币发行的准备金集中于中央银行，而不再铸造金币和实行金币流通，流通中的货币完全由银行券等价值符号所代替，银行券在一定数额以上可以按含金量与黄金兑换，低于限额不予兑换。例如，英国规定银行券兑换黄金的最低限额为 400 盎司黄金（约合 1700 英镑），法国规定银行券兑换黄金的最低限额为 21500 法郎（约 12 公斤黄金）。中央银行掌管黄金的输出和输入，禁止私人输出黄金。中央银行保持一定数量的黄金储备，以维持黄金与货币之间的联系。

金汇兑本位制又称为"虚金本位制"，其特点是：国内不能流通金币，而只能流通有法定含金量的纸币；纸币不能直接兑换黄金，只能兑换外汇。实行这种制度的国家，其货币同另一个实行金块本位制国家的货币保持固定比价，并在该国存放外汇和黄金作为准备金，体现了小国对大国（"中心国"）的依附关系。通过无限制买卖外汇维持金块本位国家货币的联系，即"盯住"后者的货币。国家禁止黄金自由输出，黄金的输出和输入由中央银行负责办理。第一次世界大战前的印度、菲律宾、马来西亚、一些拉美国家和地区，以及 20 世纪 20 年代的德国、意大利、丹麦、挪威等，均实行过这种制度。

金块本位制和金汇兑本位制都是被削弱了的国际金本位制。发生于 1929—1933 年的世界性经济危机，迫使各国放弃金块本位制和金汇兑本位制，从此资本主义世界分裂成为相互对立的货币集团和货币区，国际金本位制退出了历史舞台。

布雷顿森林体系。1929 年，以美国华尔街股市大崩溃为标志的世界经济危机爆发，英国放弃金块本位制，英镑贬值，很多国家的外汇储备由于是英镑而不是黄金，经济陷入困境。

1944 年，参加筹建联合国的 44 国代表在美国布雷顿森林召开世界货币金融会议，通过《国际货币基金组织协议》，建立以美元为中心的国际货币体系，美元和黄金挂钩，人们俗称的美金从此而来。布雷顿森林国际货币体系的核心内容是：（1）美元是国际货币结算的基础，是主要的国际储备货币。（2）美元与黄金挂钩，其他货币与美元挂钩，美国承担按每盎司 35 美元的官价兑换黄金的义务。（3）实行固定汇率制。各国货币与美元的汇率，一般只能在平价 1% 的幅度内波动，因此黄金也实行固定价格制，如波动过大，各国央行有义务进行干预。

20 世纪 60 年代，美国由于陷入越南战争，财政赤字增加，美元开始贬值；欧洲国家经济复苏，拥有越来越多的美元，在美元不稳定的情况下，欧洲各国开始抛售美元而挤兑黄金。到 1971 年，美国黄金储备减少了 61%。金价进入自由浮动时期，布雷顿森林货币体系瓦解。

牙买加体系。1972 年 7 月，国际货币基金组织成立了一个专门委员会，研究国际货币制度的改革问题。该委员会于 1974 年 6 月发布了一份名为《国际货币体系改革纲要》的文件，对黄金、汇率、储备资产、国际收支调节等问题提出了一些原则性的建议，为未来的货币改革奠定了基础。随后，在 1976 年 1 月，国际货币基金组织理事会的"国际货币制度临时委员会"在牙买加首都金斯敦召开会议，讨论国际货币基金协定的条款。经过激烈的争论，与会成员达成了"牙买加协议"。同年4月，国际货币基金组织理事会通过了《国际货币基金组织协定第二修正案》，从而形成了新的国际货币体系。主要内容包括以下三个方面。

实行浮动汇率制度的改革。牙买加协议正式确认了浮动汇率制的合法化，承认固定汇率制与浮动汇率制并存的局面，成员方可自由选择汇率制度。同时国际货币基金组织继续对各国货币汇率政策实行严格监督，并协调成员方的经济政策，促进金融稳定，缩小汇率波动范围。

推行黄金非货币化。协议作出了逐步使黄金退出国际货币的决定。并规定：废除黄金条款，取消黄金官价，成员方中央银行可按市价自由进行黄金交易；取消成员方相互之间以及成员方与国际货币基金组织之间须用黄金清算债权债务的规定，国际货币基金组织逐步处理其持有的黄金。

增强特别提款权的作用。主要是提高特别提款权的国际储备地位，扩大其在国际货币基金组织一般业务中的使用范围，并适时修订特别提款权的有关条款。规定参加特别提款权账户的国家可用其偿还在国际货币基金组织的贷款，使用特别提款权作为偿还债务的担保，也可用特别提款权进行借贷。

知识链接 什么是新兴经济体货币原罪？如何缓解货币原罪问题？

新兴经济体的"货币原罪"最初由巴里·艾克赫格林（Barry Eichengreen）和里卡多·豪斯曼（Ricardo Hausmann）于2000年提出，用来描述新兴经济体在国际资本市场上不能以本币借贷或发行债券，而必须依赖外币（主要是美元或欧元）进行债务融资的困境。这种现象导致这些国家面临汇率风险和财务脆弱性，因为当本币贬值时，用本币计算的外债负担会增加，从而增加了偿债成本，甚至可能触发金融危机。

缓解货币原罪问题的策略包括：

（1）加强宏观经济管理和完善政策框架。通过实施稳健的财政和货币政策，增强经济基本面，提高国际投资者对新兴市场本币资产的信心。（2）发展本地债券市场。通过提供更多以本币计价的债券和其他金融工具，扩大本币融资渠道，减少对外币债务的依赖。（3）推动金融市场深化和多元化。建立更加成熟和多样化的金融市场，包括股票市场、债券市场和衍生品市场，以吸引更多的国内外投资者。（4）利用多边金融机构的工具和资源。如利用国际货币基金组织、世界银行等国际机构提供的融资工具和政策建议，增强外汇储备和应对汇率风险的能力。（5）促进区域金融合作。通过区域金融合作机制，如货币互换协议和区域性融资安排，增强应对外部冲击的能力。（6）实施汇率管理策略。通过适度的汇率干预和管理浮动汇率制度，减轻汇率波动对经济的影响。（7）提高经济透明度和政策的可预见性。通过提高经济数据的质量和透明度，增强政策制定的一致性和可预见性，以赢得国际市场的信任。

通过这些策略的综合应用，新兴经济体可以逐步减轻货币原罪问题带来的负面影响，提高其金融市场的稳定性和抵御外部冲击的能力。

中央银行与货币均衡

10　中央银行是怎样产生的？

中央银行的历史起源可追溯至 17 世纪中后期，这一时期标志着商业银行体系的形成与发展，也预示了中央银行制度的必要性与不可避免性。为了深入理解中央银行产生的背景，必须考察这一时期的社会经济状况、货币与信用体系，以及银行业的演变。

社会经济背景。17世纪的欧洲经历了深刻的社会经济变革，封建社会的解体和资本主义制度的兴起推动了商品经济的快速发展。科学技术的进步破除了中世纪的束缚，促进了生产力的飞跃。手工业与农业的分离、农业商品化的加速，以及新兴工业中心的形成，共同铺平了资本主义经济的发展道路。特别是在西欧，商品经济的成熟为银行业的发展提供了肥沃的土壤。

银行业的起源与发展。银行业的早期形态主要以货币兑换商和银钱业为主，但随着商品经济的发展，商业银行逐渐形成。13—14世纪，贸易需求的增加推动了信用机构的发展，如1397年成立的麦迪西银行和1407年的圣乔治银行，标志着商业银行的初步形成。到了17世纪，随着资本主义生产方式的确立，银行业在促进经济发展方面发挥了更加积极的作用，新式银行如阿姆斯特丹银行的成立，进一步推动了银行业的发展，满足了日益增长的金融服务需求。

信用制度与银行体系的演变。商品经济的快速发展和银行业的兴起促进了货币与信用关系在经济和社会体系中的广泛存在。银行通过吸收存款、发放贷款等业务活动，将商业信用转化为银行信用，为社会化大生产和商品经济的发展提供了重要的金融支持。然而，随着银行业务的快速扩张，信用体系的脆弱性逐渐显现，银行券的分散发行和缺乏有效监管引发了金融秩序的混乱，产生了建立统一信用制度和银行体系的迫切需求。

中央银行产生的客观经济原因。面对信用货币发行权的分散、票据交换与清算的效率低下、银行支付保障能力的不足、金融业稳健运行的挑战以及政府融资的困难，中央银行制度的建立成为解决这些问题的有效途径。通过集中信用货币发行权、建立统一的票据交换与清算系统，作为银行的最后贷款人以及政府的银行——中央银行不仅稳定了货币与金融秩序，还为经济的持续发展提供了坚实的金融基础。

中央银行的产生基本上有两条渠道：一是由信誉好、实力强的大银行逐步发展演变而成。政府根据客观需要，不断赋予某大银行某些特权，从而使这家银行逐步具有了中央银行的某些性质并最终发展成为中央银行。二是由政府出面直接组建中央银行。在谈到最早的中央银行时，一般会提到两家银行，即瑞典中央银行（Sveriges Riksbank）和英格兰银行（Bank of England）。瑞典中央银行原为瑞典银行，成立于 1656 年，起初是一般的私营银行，但它是最早发行银行券和办理证券抵押贷款业务的银行之一。1668 年，瑞典政府出面将其改组为国家银行，瑞典银行开始具有了中央银行的某些特征。英格兰银行成立于 1694 年，比瑞典银行改组为国家银行晚 26 年。但按照中央银行的基本性质与特征，及其在世界中央银行制度形成过程中的历史作用来看，英格兰银行是最早全面发挥中央银行功能的银行。因此，多数学者把英格兰银行作为中央银行的最早开端。

中央银行的产生是商品经济发展、银行业演变和信用体系完善的必然结果。它的建立不仅解决了金融市场的即时需求，还为现代经济体系的稳健运行和持续发展奠定了基础。随着经济环境的不断变化，中央银行的角色和职能也在不断演进，以适应新的经济挑战和机遇。

 如何理解中央银行是"发行的银行"、"银行的银行"和"国家的银行"？除此之外它还有哪些职能？

中央银行在现代经济体系中扮演着核心角色，其基本职能可以归纳为"发行的银行"、"银行的银行"和"国家的银行"。这些职能不仅体现了中央银行在金融体系中的独特地位，也指明了其对经济稳定与发展的贡献。

作为"发行的银行"，中央银行拥有国家货币发行的专有权利。这不仅包括实物货币的印制和发行，也涉及货币供应量的调控。通过操作基础利率、进行公开市场操作、调整银行的准备金比率等手段，中央银行影响着整个经济的货币流通和信贷条件。

这些措施帮助控制通胀，促进经济增长，维护金融市场的稳定。

作为"银行的银行"，中央银行具有对其他银行和金融机构的监管和支持作用。这包括为这些机构提供流动性支持，以防止短期资金压力演变为系统性风险。中央银行通过再贴现窗口提供紧急贷款，作为金融机构的最后贷款人，确保了金融系统的稳定。此外，中央银行还管理国家的支付系统，保障了金融交易的顺畅进行和资金的安全结算。

作为"国家的银行"，中央银行执行多项与政府财政密切相关的职能。这包括管理政府账户、代理发行政府债券、管理国家的外汇储备等。中央银行在制定货币政策时，需要与政府的财政政策协调一致，以确保宏观经济政策的有效性。在国际舞台上，中央银行代表国家参与国际金融组织和谈判，维护国家的经济利益。

随着全球化的深入和金融市场的快速发展，中央银行的职能也在不断扩展和演变。现代中央银行面临着诸如金融稳定监督、金融科技创新监管、环境和气候变化相关金融政策制定等新挑战。为应对这些挑战，中央银行不仅需要在传统的货币政策框架内作出调整，也需要拓展其工具箱，采取前所未有的措施来保护经济免受新兴风险的影响。在应对国际金融危机和促进经济复苏的过程中，中央银行的角色更加凸显。通过实施量化宽松等非传统货币政策，中央银行努力刺激经济，提供必要的流动性支持，降低长期利率，刺激投资和消费。同时，中央银行还需要密切关注金融科技的发展，适时调整监管框架，以促进创新并防范潜在风险。

12 为什么中央银行应具有一定的独立性？

中央银行的独立性关乎其在执行职责时所拥有的自主权力和行动自由度，特别体现在其与政府的关系中。这种独立性既是法律赋予的，也是在实际操作中形成的。

中央银行的独立性基于以下几个方面的原因。

特殊性。中央银行作为一个特殊金融机构，承担着制定和执行货币政策、监督金融业、调控宏观经济及维持金融稳定等职责。这些职责要求中央银行具备专业性和技术性，以及一定程度的操作独立性。

政府关系。中央银行与政府在地位、目标、利益需求上存在差异。为了避免货币政策受政府短期目标影响而损害币值稳定和长期经济稳定，中央银行需要保持一定的独立性。同时，独立性有助于形成政策间的互补和制约，增强政策的综合效果。尤其需要注意的是，中央银行独立性的重要意义即保持币值稳定。

执行效率。独立性能确保中央银行政策决策和实施的统一性，减少地方干预，提高宏观调控的时效性和运作效率。

然而，中央银行的独立性并非绝对，其相对性体现在以下几个方面。

系统地位。作为国家宏观调控体系的一部分，中央银行需服从于国家的总体经济社会目标，其货币政策的制定需符合国家的长期目标，并与其他政策（如财政政策）相协调。

授权范围。中央银行的职责和业务活动是在国家授权下进行的，具有行政管理部门的性质。在特殊情况下（如战争、大灾害等），中央银行必须完全服从政府指挥。

政府协调。在履行职责时，中央银行需要与政府其他部门协作配合，这种关系由政府协调，确保金融政策与国家政策的一致性。

中央银行的相对独立性既是其有效履行宏观经济调控职责的前提，也是现代经济体系中实现政策协同和维护国家根本利益的必要条件。这种独立与依赖的平衡，确保了中央银行能够在不完全脱离政府指导的情况下，独立执行其专业职责，为经济稳定和发展提供坚实的金融支持。

13 中国人民银行是怎样建立的？经过了哪些历史沿革？

中国人民银行的历史起源于 1931 年中华苏维埃第一次代表大会上成立的"中华苏维埃共和国国家银行"，并且发行货币。此后抗日战争和解放战争时期，中国共产党领导的政权被分割成彼此不相连的区域，各根据地建立了相对独立、分散管理的根据地银行，并且各自发行在本根据地内流通的货币。1947年10月，中共中央根据董必武的提议，决定筹备建立各解放区统一的银行，名称为"中国人民银行"。1948年5月，中共中央任命董必武为中共中央财政经济部部长，该部附设中国人民银行筹备处。1948年11月，华北人民政府发布《关于成立中国人民银行发行统一货币的训令》，决定发行华北、华东、西北三区统一流通的货币，规定新旧币比价并严厉打击私定比价等扰乱金融秩序的行为，为人民币的发行扫清了障碍。

中国人民银行的创建与国家银行体系的建立（1948—1952年）。 1948年12月1日，中国人民银行在河北省石家庄市成立，统一人民币在华北、华东、西北三区的流通。1949年2月迁入北平，1949年9月成为政务院直属单位，负责发行货币、管理金库、稳定金融市场等任务。在国民经济恢复时期，中国人民银行通过以下举措着手建立了统一的国家银行体系，包括独立统一的货币体系、分支机构建设、金融管理和开展放款及汇兑业务。通过货币政策调控，解决通货膨胀问题，支持国有经济发展并促进城乡物资交流，使人民币成为全国统一货币，为国家经济发展作出了重要贡献。

计划经济体制时期的国家银行（1953—1978年）。 在计划经济体制下，中国人民银行作为国家金融管理和货币发行机构，负责国家信贷资金的吸收、动员、集中和分配。银行体制从上至下高度集中，实行综合信贷计划管理体制，统一掌握全国信贷资金，实行"统存统贷"管理办法。银行信贷计划被纳入国家经济计划，为国家经济管理提供重要支持。中国人民银行在经济建设中担负货币流通组织和调节职能，为国有企业、集体经济、个体经济和农村提供各种贷款支持。这种信贷计划体制一直延续到1978年，为经济建设提供全面金融监督和服务。

从国家银行过渡到中央银行体制（1979—1992年）。1979年，恢复中国农业银行以支持农村经济，改革中国银行成为外汇专业银行，设立国家外汇管理局。随后恢复国内保险业务，建立中国人民保险公司，设立信托投资公司和城市信用合作社，实现金融机构和业务多样化。为加强金融业统一管理，中国人民银行开始承担中央银行职责，最终于1984年1月1日开始专门行使中央银行职能。通过设立中国工商银行等措施，加强了金融监管和宏观调控，促进了金融市场发展和经济结构调整。

逐步强化和完善现代中央银行制度（1993年至今）。1993年，按照国务院《关于金融体制改革的决定》，中国人民银行进一步强化金融调控、金融监管和金融服务职责，划转政策性业务和商业银行业务。1995年3月，第八届全国人民代表大会第三次会议通过《中华人民共和国中国人民银行法》，首次以国家立法形式确立了中国人民银行作为中央银行的地位，标志着中央银行体制走向了法治化、规范化的轨道，是中央银行制度建设的重要里程碑。

2003 年，按照党的十六届二中全会审议通过的《关于深化行政管理体制和机构改革的意见》和十届全国人大一次会议批准的国务院机构改革方案，将中国人民银行对银行、金融资产管理公司、信托投资公司及其他存款类金融机构的监管职能分离出来，并和中央金融工委的相关职能进行整合，成立中国银行业监督管理委员会。同年 9 月，中央机构编制委员会正式批准中国人民银行的"三定"（职能配置、内设机构和人员编制规定）调整意见。12 月，十届全国人大常委会第六次会议审议通过了《关于修改〈中华人民共和国中国人民银行法〉的决定》。有关金融监管职责调整后，中国人民银行新的职能正式表述为"制定和执行货币政策、维护金融稳定、提供金融服务"。同时，明确界定：中国人民银行为国务院组成部门，是中华人民共和国的中央银行，是在国务院领导下制定和执行货币政策、维护金融稳定、提供金融服务的宏观调控部门。这种职能变化表现为"一个强化、一个转换和两个增加"。"一个强化"，即强化与制定和执行货币政策有关的职能。"一个转换"，即转换实施对金融业宏观调控和防范与化解系统性金融风险的方式。"两个增加"，即增加反洗钱和管理信贷征信业两项职能。

2023 年 3 月，十四届全国人大一次会议审议批准《国务院机构改革方案》，将中国人民银行对金融控股公司等金融集团的日常监管职责、有关金融消费者保护职责划入国家金融监督管理总局。

14 现代中央银行制度有哪些内涵?

党的十九届五中全会提出"建设现代中央银行制度",为做好新时代中央银行工作指明了方向。现代中央银行制度是现代货币政策框架、金融基础设施服务体系、系统性金融风险防控体系和国际金融协调合作治理机制的总和。建设现代中央银行制度的目标是建立有助于实现币值稳定、充分就业、金融稳定、国际收支平衡四大任务的中央银行体制机制,管好货币总闸门,提供高质量金融基础设施服务,防控系统性金融风险,管控外部溢出效应,促进形成公平合理的国际金融治理格局。

健全现代货币政策框架。现代货币政策框架包括优化的货币政策目标体系、创新的货币政策工具体系和畅通的货币政策传导机制。货币政策以币值稳定为首要目标,更加重视充分就业。丰富货币政策工具箱,健全结构性货币政策工具体系。以深化利率市场化改革为抓手疏通货币政策传导机制,更好服务实体经济。中央银行要实现币值稳定目标,需要以市场化方式对银行体系货币创造行为进行调控,前提是中央银行能够保持资产负债表的健康可持续,为此必须实行独立的中央银行财务预算管理制度,防止财政赤字货币化,在财政和中央银行两个"钱袋子"之间建起

"防火墙"，同时要防止中央银行资产负债表承担企业信用风险，最终影响人民币信用。

建设金融基础设施服务体系。中央银行通过金融基础设施为金融体系和社会提供最基础的金融服务，金融基础设施是中央银行实现四大任务的重要支撑，经济发展和对外开放对金融基础设施服务的便捷性、联通性、安全性不断提出新的要求，需要持续加强金融基础设施建设，优化结构布局，统一监管标准，确保安全高效运行。

构建系统性金融风险防控体系。我们在打好防范化解重大风险攻坚战中积累了经验，形成了若干行之有效的处置风险模式，但金融监管和风险处置中的道德风险问题依然突出，市场纪律、破产威慑和惩戒机制尚未真正建立，地方政府和金融机构以社会稳定为由使中央政府、中央银行承担高昂救助成本的问题仍未根本扭转。中央银行作为金融体系的最后贷款人，必须在事前事中事后全过程切实履行防控系统性金融风险的责任。从事前防范看，一是健全宏观审慎管理体系，应对金融机构顺周期行为和金融风险跨机构跨市场传染；二是完善审慎监管基本制度，强化金融监管协调机制，促使微观审慎监管不留空白；三是指导行为监管，保护金融消费者合法权益。从事中处置看，要压实股东、各类债权人、地方政府和金融监管部门责任。从事后问责看，要对重大金融风险的形成过程中金融机构、监管部门、地方政府的责任进行严肃追究和惩戒，有效防范道德风险。

完善国际金融协调合作治理机制。中国经济是大国经济，有很强的溢出效应和溢回效应，人民币以市场化方式逐渐成为国际货币，在此背景下建设现代中央银行制度，要求我们必须从完善国际金融协调合作治理机制的高度出发，推动国际货币体系和金融监管改革，积极参与构建全球金融安全网，完善人民币汇率形成机制，推进金融双向开放。

15 什么是利率？有哪些主要利率种类？

利息率，通常简称利率，是指借贷期满所形成的利息与所贷出的本金的比率。在讨论利率水平问题时，经常可以见到"基准利率"（Benchmark Interest Rate）的概念。顾名思义，基准利率是指在多种利率并存的条件下起决定作用的利率，即如果这种利率发生变动，其他利率也会相应变动。因此，了解这种关键利率水平的变化趋势，也就可以了解全部利率体系的变化趋势。在市场经济中，基准利率即通过市场机制形成的无风险利率（Risk-Free Interest Rate）。

由于利息可以界定为投资人让渡资本使用权而索要的补偿，因而利率是反映补偿的"度"。一般来说，"息"包含对机会成本的补偿和对风险的补偿，利率则包含机会成本补偿水平和风险溢价（Risk Premium，又译风险报酬、风险酬金）水平。后者之所以叫风险"溢价"，是由于风险的存在而必须超出机会成本补偿支付更多的金额。于是，形成这样一个表达式：

利率＝机会成本补偿水平＋风险溢价水平

利率中用于补偿机会成本的部分往往是由无风险利率表示。在这个基础上，由于风险的大小不同，风险溢价的程度也千差万别。相对于千差万别的风险溢价，无风险利率作为市场中最低的资金成本，也就成为"基准利率"。其实，在现实生活中并不存在绝对无风险的投资，准确地说，只有风险相对最小的投资。目前在市场经济国家，因风险相对最小可以被称为无风险利率的只有政府发行的债券利率，即国债利率。

16 利率是怎样对商品和服务市场产生影响的？

利率是重要的宏观经济变量，是资金的价格，对宏观经济均衡和资源配置有重要导向意义。作为反映资金稀缺程度的信号，利率与劳动力工资、土地地租一样，是重要的生产要素价格，同时，利率也是对延期消费的报酬。理论上，自然利率是宏观经济总供求达到均衡时的实际利率水平。实践中，利率的高低直接影响居民的储蓄和消费、企业的投融资决策、进出口和国际收支，进而对整个经济活动产生广泛影响。

利率对宏观经济运行发挥着重要的调节作用，主要通过影响消费需求和投资需求实现。从消费看，利率上升会鼓励储蓄，抑制消费。从投资看，利率提高将减少可赢利的投资总量，抑制投资需求，即筛选掉回报率低的项目。利率对进出口和国际收支也会产生影响，国内利率下降，刺激投资和消费，提升社会总需求，会增加进口，导致净出口减少，同时本外币利差缩窄，可能导致跨境资本流出，影响国际收支平衡。

IS-LM 模型是凯恩斯主义宏观经济学的核心，它是描述产品市场和货币市场之间相互联系的理论结构。一方面，在产品市场上，国民收入取决于消费、投资、政府购买支出和净出口加起来的总支出或者说总需求水平，而总需求尤其是投资需求要受到利率影响，利率则由货币市场供求情况决定，也就是说，货币市场要影响产品市场；另一方面，产品市场上所决定的国民收入又会影响货币需求，从而影响利率，这又使产品市场对货币市场产生了影响。

17 货币需求会受到哪些因素的影响？如何理解货币均衡？

货币需求是金融理论研究的重要对象，没有货币需求，就没有向经济过程供给货币的必要。

马克思以完全的金币流通为假设条件，他认为商品价格取决于商品的价值和黄金的价值，而价值取决于生产过程，所以商品是带着价格进入流通的；商品价格有多大，就需要有多少金来实现它，比如值 5 克金的商品就需要 5 克金来购买；商品与货币交换后，商品退出流通，金却留在流通之中，并可以使另外的商品得以出售，从而一定数量的金流通几次，就可使相应倍数价格的商品出售。[①] 因此有：

$$执行流通手段职能的货币量 = \frac{商品价格总额}{同名货币的流通次数}$$

20 世纪初，欧文·费雪提出了交易方程式，这一方程式在货币需求理论研究的发展进程中是一个重要的阶梯。费雪认为，假设以 M 为一定时期内流通货币的平均数量，V 为货币流通速度，P 为各类商品价格的加权平均数，T 为各类商品的交易数量，

---

① 《马克思恩格斯文集》第 5 卷，人民出版社 2009 年版，第 142 页。

则有：

$$MV = PT \text{ 或 } P = \frac{MV}{T}$$

　　凯恩斯对货币需求理论的突出贡献是关于货币需求动机（Motive of the Demand for Money）的分析。他认为，人们的货币需求行为是由三种动机决定的，即交易动机（Transaction Motive）、预防动机（Precautionary Motive）和投机动机（Speculative Motive）。

　　凯恩斯认为，交易媒介是货币的一个十分重要的功能，并且用于交易媒介的货币需求量与收入水平存在着稳定的关系。他还指出，人们所保有的依赖于收入水平的货币需求不仅出于交易动机，还出于预防动机。预防动机是指为了应付可能遇到的意外支出等而持有货币的动机。投机动机分析是凯恩斯货币需求理论中最有特色的部分。他认为，人们保有货币的目的除了交易需要和应付意外支出外，还有储存价值或财富。基于交易动机和预防动机的货币需求取决于收入水平；基于投机动机的货币需求则取决于利率水平。因此，凯恩斯的货币需求函数如下式所示：

$$M = M_1 + M_2 = L_1(Y) + L_2(r)$$

　　式中，M_1 为基于交易动机和预防动机的货币需求，是收入 Y 的函数；M_2 为基于投机动机的货币需求，是利率 r 的函数。

中央银行有哪些货币供给统计口径?

货币供给是指经济生活中所有货币的集合,现金存量只是货币供给的构成部分。尽管世界各国中央银行都有自己的货币统计口径,但无论存在着何等差异,其划分的基本依据和意义却是基本一致的。

各国中央银行在确定货币供给的统计口径时,都以流动性的高低,即作为流通手段和支付手段的方便程度为标准。流动性较高,即在流通中周转较便利,相应地,形成购买力的能力也较强;流动性较低,即周转不方便,相应地,形成购买力的能力也较弱。显然,这个标准对于考察市场均衡、实施宏观调控有重要意义。

我国从 1984 年开始探讨对货币供给层次的划分,并于 1994 年第三季度开始正式按季公布货币供给量的统计监测指标。按照国际货币基金组织的要求,现阶段我国货币供给量划分为如下三个层次:

M_0= 流通中现金

M_1=M_0+ 活期存款

M_2=M_1+ 定期存款 + 储蓄存款 + 其他存款 + 证券公司客户保

证金

其中，M_1 为狭义货币量；M_2 为广义货币量；M_2-M_1 为准货币。

与其他许多国家不同的是，我国把现金单列第一个层次。这主要是因为在我国以活期存款为依据签发的支票和银行卡的使用范围还存在一定程度的局限性，因而与发达的市场经济国家相比，其流动性明显低于现金。而现金，尤其是居民手中的现金，由于支用方便，依然是最活跃的购买力。

 商业银行是怎样参与货币创造过程的？

现代银行创造货币的功能集中体现为存款货币的创造。作为信用中介和支付中介的银行，在其调剂货币资金余缺和组织客户相互结算的基础上，同时发展了发行银行券和创造存款货币的功能。在19世纪末20世纪初，银行券的发行权已集中于中央银行，所以现代商业银行只是创造存款货币。

存款货币的创造与银行以支票存款为依据而组织的转账结算有直接关系，因为不需要使用现金就能够对客户的支付行为进行清算，于是就有了如下特点的经济行为。

（1）客户把现金存入银行之后，并不一定再把现金全数提出；从银行取得贷款的客户通常也并不要求银行给付现金，而是要求银行把贷给他们的款项记入自己的存款账户。当他们的存款账户上存有款项时，既可在必要时提取现金，又可开出支票履行支付义务。

（2）在取得支票后，客户可能到付款银行用以提取现金；但客户往往也不提取现金，而是委托自己开有存款账户的往来银行代收，并把收来的款项记入自己的存款账户。

（3）各个银行由于为自己的客户开出支票，因而应该付出款项，同时由于自己的客户交来支票委托收款，因而有应该收入的款项。应付款、应收款的金额很大，但两者的差额通常较小。经济相互联系越密切，相互的支付义务越多，应收应付的差额就越小。只有这个差额才需要以现金结清。

（4）各个银行对现金的需求可归结为两类：一是客户从存款中提取现金以满足发放工资、小额零星支付等必须使用实物现金的用途；二是结清支票结算中应收应付的差额。在长期的经营活动中，银行认识到：现金的需要，相对于存款额来说只是其一部分，而且比例关系相对稳定。也就是说，只要按存款的一定百分比保持现金库存就可应付顾客对于现金的需要。

由于存在具有这样特征的经济行为，从而出现了原始存款（Primary Deposit）和派生存款（Derivative Deposit）两个范畴。原始存款、贷款总额、经过派生后的存款总额（包括原始存款）、必要的现金库存对存款的比率，这四者的关系可以用如下公式表示：

$$D = R \times \frac{1}{r}$$

$$D = L + R$$

式中，D 为经过派生的存款总额（包括原始存款）；R 为原始存款；L 为贷款总额；r 为必要的现金库存对存款的比率。

通货膨胀是什么? 有哪些主要类型?

通货膨胀指的是商品和服务的货币价格总水平持续上涨的现象。这个定义包含以下几个关键点。一是强调把商品和服务的价格作为考察对象，目的在于与股票、债券以及其他金融资产的价格相区别。二是强调"货币价格"，即每单位商品、服务用货币数量标出的价格。在通货膨胀分析中关注的是商品、服务与货币的关系，而不是商品、服务与商品、服务相互之间的对比关系。三是强调"总水平"，关注普遍的物价水平波动，而不仅仅是地区性的或某类商品及服务的价格波动。四是关于"持续上涨"，通货膨胀并非偶然的价格跳动，而是一个"过程"，并且这个过程具有上涨的趋向。

通货膨胀有以下几种分类方式：（1）根据市场机制作用的不同，分为公开性通货膨胀、隐蔽性通货膨胀；（2）根据价格上涨速度的不同，分为爬行通货膨胀、温和通货膨胀、恶性通货膨胀；（3）根据通货膨胀预期的不同，分为预期通货膨胀、非预期通货膨胀；（4）根据通货膨胀成因的不同，分为需求拉动型通货膨胀、成本推进型通货膨胀、供求混合推进型通货膨胀、结构型通货膨胀、体制型通货膨胀。

 通货膨胀有怎样的社会效应？

强制储蓄效应。储蓄是指用于投资的货币积累，主要有家庭、企业和政府三个来源。在正常情况下，上述三个部门的储蓄有各自的形成规律。家庭的储蓄由收入减去消费支出构成。企业的储蓄由用于扩张生产的利润和折旧基金构成。政府的储蓄如果是用税收的办法来筹资搞生产性投资，那么这部分储蓄是从其他两个部门的储蓄中挤出的，从而全社会的储蓄总量并不增加；若政府向中央银行借债，从而造成直接或间接增发货币，这种筹措建设资金的办法就会强制增加全社会的储蓄总量，结果将使物价上涨。在公众名义收入不变的条件下，按原来的模式和数量进行的消费和储蓄，实际额均会随物价的上涨而相应减少，其减少部分大体相当于政府运用通货膨胀实现强制储蓄（Forced Saving）的部分。

收入分配效应。在通货膨胀时期，居民的名义货币收入与实际货币收入之间会产生差距；只有剔除物价的影响，才能看出居民实际收入的变化。当居民忽视货币实际购买力的变化，而仅仅满足于货币名义价值（如名义收入）时，便会产生货币幻觉（Money Illusion）。在通货膨胀下，由于货币贬值，名义货币收入的增加往往并不意味着实际收入的等量增加，有时是实际收入不变乃至下降。如果满足于名义收入的增加却忽视币值的变化，那就是货币幻觉在起作用。由于社会各阶层的收入来源极不相同，因此在物价总水平上涨时，有些人的收入水平会下降，有些人的收入水平反而会提高。这种由物价上涨造成的收入再分配，就是通货膨胀的收入分配效应（Distributional Effect of Income）。

资产结构调整效应。资产结构调整效应又称财富分配效应（Distributional Effect of Wealth）。一个家庭的财富或资产由两部分构成：实物资产和金融资产。许多家庭同时还有负债，如借有汽车抵押贷款、房屋抵押贷款和银行消费贷款等。因此，一个家庭的财产净值是资产价值与债务价值之差。

在通货膨胀环境下，实物资产的货币值大体随通货膨胀率的变动而相应升降。有的实物资产，其货币值增长的幅度高于通货膨胀率，有的则低于通货膨胀率；同一种实物资产，在不同条件下，其货币值的升降较通货膨胀率也有时高时低的情况。金融资产则比较复杂。值得一提的是金融资产中占相当大份额的股票，它的行市是可变的，在通货膨胀之下会呈上升趋势；但影响股市的因素极多，股票绝非通货膨胀中稳妥的保值资产形式，尽管有些股票在通货膨胀之中使其持有者获得大大超出保值的收益。金融资产的共同特征是有确定的货币金额，这样的名义货币金额并不会随通货膨胀是否存在而变化。显然，物价上涨，实际的货币额减少；物价下跌，实际的货币额增多。在这一领域中，防止通货膨胀损失的办法通常是提高利率或采用浮动利率。但在严重的通货膨胀条件下，这样的措施也往往难以弥补损失。

 通货紧缩是什么？有怎样的社会效应？

与通货膨胀相对应的是通货紧缩，由于通货紧缩较通货膨胀现象不那么常见，目前经济学家对于其认定标准存在分歧。归纳来看主要有三点：物价水平持续下降；物价水平持续下降，并伴随经济的负增长，或再加上货币供给的缩减；物价水平持续下降，并伴随经济的实际增长率低于潜在的可能增长率。

通货紧缩的社会效应主要有以下几点。

通货紧缩对投资产生重大影响。由于实际利率的提高，社会投资的成本会随之增加，导致投资减少。预期未来价格继续下降会使得投资者推迟投资决策，进一步影响新项目的开工。此外，预期收益的下降和证券市场的萎缩也会降低投资者的投资倾向，公司筹资变得更加困难。

通货紧缩对消费有着复杂的影响。尽管消费者可能因为物价下降而在短期内感到满意，但随之而来的就业预期和工资收入下降将导致消费者减少支出。消费者预期未来价格会进一步下跌，也可能会推迟消费，导致总体消费需求下降。

通货紧缩会引起收入再分配效应，这与通货膨胀的情况相反。在通货紧缩期，普通商品和金融资产的价格下降，实际利率上升，对债权人有利，但对债务人不利。长期的通货紧缩还可能导致债务人偿还能力下降，进一步损害债权人的利益。

通货紧缩与经济增长之间的关系也值得关注。虽然有时候由于生产力提高和技术进步导致的价格下降不会阻碍经济增长，但大多数情况下，物价下跌伴随着经济增长乏力或负增长。这种现象背后的原因包括投资减少、消费需求降低，以及收入分配的变化。经济学家通常认为，工资的刚性在经济衰退时期会阻碍价格的进一步下降，从而加剧通货紧缩的负面效应。

通货紧缩通过减少投资和消费、改变收入分配，以及可能导致的经济增长放缓或负增长，对社会和经济产生深远的影响。这些影响说明，通货紧缩不仅仅是价格水平的变动，它还深刻地影响着经济结构和个体的福祉，需要通过有效的政策干预来管理和缓解其负面效应。

》知识链接 历史上有哪些著名恶性通货膨胀事件?

恶性通货膨胀（或称为超级通货膨胀）曾在多个国家发生过，造成了严重的经济和社会后果。以下是一些著名的恶性通货膨胀事件。

德国（1923 年）。德国在第一次世界大战后经历了恶性通货膨胀，特别是在 1923 年，通货膨胀率达到了难以想象的水平。这段时期被称为"德国通货膨胀"，是因凡尔赛和约所规定的赔款、战后经济的崩溃及政府大量印钞造成的。当时的德国货币迅速贬值，价格飞速上涨，导致民众生活困苦，社会动荡加剧。

津巴布韦（2000—2009 年）。津巴布韦在 21 世纪初也遭受了极端的通货膨胀，特别是在 2008 年，该国的月通货膨胀率一度达到了惊人的 $7.96 \times 10^9\%$。政府大量印钞、经济政策失误、土地改革引发的农业生产下降是导致这场危机的主要原因。津巴布韦的货币最终变得几乎无价值，国家被迫放弃自己的货币，转而使用美元和其他外币。

匈牙利（1945—1946 年）。第二次世界大战结束后的匈牙利遭遇了严重的通货膨胀。特别是在 1946 年，匈牙利月通货膨胀率达到了 $4.19 \times 1016\%$。战争破坏、赔款负担及政府无节制地印钞是导致这一灾难的主要原因。

南斯拉夫（1992—1994 年）。南斯拉夫联盟在解体过程中，特别是在 1993 年，也经历了严重的通货膨胀。国家分裂、经济制裁及政府印钞导致货币急速贬值。在通货膨胀最严重的时期，南斯拉夫的月通货膨胀率达到了数百万百分比。

阿根廷（20 世纪 80 年代）。阿根廷在 20 世纪 80 年代经历了几次严重的通货膨胀事件，尤其是在 1989 年，年通货膨胀率达到了近 5000%。政府财政赤字、外债危机以及政策不稳定是通货膨胀的主要原因。这导致阿根廷经济长期不稳定，民众生活水平大幅下降。

这些恶性通货膨胀事件对相关国家的经济造成了深远的影响，导致货币严重贬值、生活成本急剧上升、储蓄贬值及社会不稳定等一系列问题。这些历史案例提醒了世界各国政府和中央银行必须采取谨慎的财政和货币政策，以避免通货膨胀失控。

篇　二

货币政策的目标

一 | 货币政策的最终目标

23 什么是货币政策的最终目标?

货币政策最终目标是指中央银行（或货币当局）制定和执行货币政策所期望达到的最终效果。最终目标和经济周期指标密切相关，比如经济增长水平、就业率、通货膨胀水平等。中央银行通常以此为依据设计和执行具体的货币政策。在不同时期，受到宏观经济运行情况的影响，每个国家采取的最终目标可能是不同的。一般而言，货币政策的最终目标有币值稳定、充分就业、经济增长、国际收支平衡和金融稳定等。

币值稳定。币值稳定包括两个方面：对内物价稳定，对外汇率稳定。物价稳定指物价总水平相对稳定，在短时间内不发生剧烈的波动。相对稳定并不是指物价上涨幅度为 0，而是将其控制在社会可以接受的范围内，通常是 2% 上下。汇率是两种货币之间兑换的比率。汇率的基本稳定对金融市场稳定、宏观经济稳定具有重要的作用，对于国际贸易和投资有一定积极的影响。中国人民银行强调"保持人民币汇率在合理均衡水平上的基本稳定"，但也有很多国家并没有把汇率稳定纳入货币政策的最终目标。

充分就业。充分就业是指就业水平稳定地保持在较高水平，任何有能力有意愿工作的人都能在合理的条件下找到合适的工作。经济中只存在摩擦性和结构性的失业，即因技术进步、产业结构、劳动年龄和需求偏好变化而引起的职业转换过程中的暂时性失业，且失业的持续时间比较短。

经济增长。经济增长是指一个国家的生活水平随着时间的推移而提高。这一目标通常追求国内生产总值的增长保持一个合理且较高的速度。经济增长的衡量指标一般采用实际国内生产总值的年增长率，即用名义国内生产总值年增长率剔除通货膨胀率。

国际收支平衡。国际收支平衡指一个国家或地区在特定时期内与其他国家或地区经济交往中收入和支出之间的平衡关系。维持国际收支平衡对于一个国家的经济稳定和可持续发展至关重要。不平衡的国际收支可能导致汇率波动、金融不稳定以及宏观经济问题。长期巨额逆差可能导致本国外汇储备急剧减少，承担沉重的债务和利息负担。反之，长期巨额顺差可能引发资源浪费和外汇闲置，尤其是通过大规模购进外汇并增发本国货币，可能导致国内通货膨胀。因此，国际收支平衡也是货币政策制定的重要考虑因素。

金融稳定。金融稳定指的是金融体系的健康和平稳运行，以防范金融危机、市场波动和系统性风险。通过调整货币供应、利率和其他货币政策工具，中央银行旨在确保金融机构的稳健运营、资本充足，防范恶性循环，以维护整个经济体系的稳定性。金融稳定的实现有助于增强投资者和消费者的信心，促进经济可持续增长，同时减少系统性风险对整个金融系统的负面影响。因此，通过追求金融稳定，货币政策在维护宏观经济平衡和防范金融风险方面发挥着至关重要的作用。

 如何理解货币政策的单一目标制和多重目标制？

　　中央银行在制定和实施货币政策时一般会从多个宏观经济目标中选择一个或者多个作为最终目标。按照货币政策最终目标的数量，我们可以将其分为单一目标制和多重目标制。当中央银行选择了两个最终目标，通常是经济增长和物价稳定，其货币政策也被称为双重目标制。

　　单一目标制下，货币政策制定者专注于实现单一指标或目标，通常是稳定物价水平、控制通货膨胀。其他经济因素如就业、经济增长，则处于次要地位，并非主要考虑因素。多重目标制则意味着货币政策制定者关注多个经济目标，如稳定物价、促进就业、维护金融稳定等。在多重目标制下，中央银行或货币当局会权衡考虑多个目标，以实现动态平衡。

单一目标制和多重目标制各有优缺。

对于单一目标制的优点，一是度量方便，便于实时追踪，开展调控。二是有助于引导市场预期，避免出现市场预期与政策方向不一致导致的低效率。三是央行的独立性更容易实现。四是单一目标制下，中央银行选定名义锚，将其的波动限制在一个区间内，长期来看有助于保持政策的前后一致性。比如在将价格稳定作为单一目标的情况下，名义锚是锁定物价水平以实现价格稳定目标的名义变量。盯住名义锚，有助于将通货膨胀预期稳定在较低水平，并限制时间不一致性问题[1]。但是锁定单一目标也存在一些问题。例如，当将物价稳定作为单一目标时，其可能和其他经济目标如经济增长、充分就业产生冲突。如果短期内将保持通货膨胀率作为唯一目标，则可能导致产出的过分波动，影响宏观经济和金融的稳定性。将物价稳定作为长期而非短期的首要目标更合适。

为什么实行多重目标制？首先，可以避免单一目标制的缺陷，避免中央银行成为如英格兰银行行长默文·金所说的"通货

---

[1] 由于公众具有理性预期，预期会对政策的结果产生影响。政府在上一时期制定了最优政策，公众产生了预期，在这一时期政府根据当前情况重新制定最优的政策，而不是维持之前的政策，将导致社会总福利下降。自由放任频繁调整货币政策可能破坏稳定的预期，造成时间不一致性问题。

膨胀偏执狂"。其次，在金融危机发生后，许多央行强化或增加了金融稳定和金融监管职能，经济复苏的持续乏力也增加了对货币政策多重目标制讨论的需要。对于市场制度不完善的新兴经济体，像中国这样的转型经济体，金融市场的改革和开放也是需要考虑的问题。

多重目标在实施中也会出现一些问题。第一，不同的目标之间存在矛盾和冲突。央行很难平衡这些冲突，并做到面面俱到。比如经济增长和物价稳定之间的平衡就很难准确把握。20 世纪 70 年代出现的高通货膨胀和低经济增长并存的"滞胀"现象就使得货币政策陷入两难境地。除此以外，充分就业和物价稳定、经济增长和国际收支平衡等目标之间也存在一定的矛盾。第二，货币政策的独立性难以确保。实现多重目标需要中央银行和其他机构（如财政部门）协调共事。财政政策也将经济增长作为政策目标，货币政策和财政政策的制定和实施就需要平衡和协调。第三，央行操作难度提高。由于多样化的政策目标，央行需要在不同目标之间进行持续的权衡，根据经济运行情况调整目标的优先级，并采取相应的措施以实现这些目标。同时，面对众多目标的情况，央行必须创设足够多的货币政策工具，以更精准地应对各种经济挑战。第四，政策透明度不高。多变的货币政策目标使央行难以在市场中清晰传达其政策意图。由于政策目标的多元化，市场参与者可能对央行的决策产生混淆，难以准确解读央行的政策方向。这降低了市场对央行行动的理解和预期，可能导致市场不确定性增加，影响经济主体的决策和行为。

在部分国家，多重目标也会区分主次，许多国家将物价稳定作为中央银行首要的长期目标。例如，《马斯特里赫特条约》强调，欧洲中央银行体系（ESCB）首要的目标是保持物价稳定。欧洲联盟的总体经济政策只有在不与物价稳定冲突的前提下，才能获得支持。这种将物价稳定置于优先地位，只有在实现物价稳定的情况下才能追求其他目标的制度被称为阶梯目标。英格兰银行、加拿大银行、新西兰储备银行以及欧洲中央银行等中央银行都以此为行动指引。

选择单一目标制还是多重目标制通常取决于各个国家的经济和政治背景，以及相关决策者对经济政策的偏好。一些国家的中央银行可能专注于价格稳定，而另一些国家则可能在政策目标中加入更多的经济和社会考虑因素。与此同时，货币政策最终目标的选择也可能受到经济周期和危机的影响。

❯ 知识链接　通货膨胀目标制

通货膨胀目标制是货币政策单一目标制的一种，其将长期价格稳定作为货币政策的首要目标，通常有一个明确的、数量化的通货膨胀目标（很多国家是2%）作为名义锚。最初，只有新西兰、加拿大、英国、瑞典、芬兰、澳大利亚、西班牙等国家实施了通货膨胀目标制，此后，巴西、智利、捷克、以色列、波兰、南非、韩国、泰国等国家也开始实行该货币政策框架，美联储在 2012 年后开始实施灵活的通货膨胀目标制，2020 年新冠疫情后转向平均通货膨胀目标制。

通货膨胀目标制包括几个组成部分：（1）公布中期通货膨胀率目标（指标）的数值；（2）制度上承诺物价稳定是货币政策的首要和长期目标，以及承诺实现通货膨胀目标；（3）在制定货币政策时，使用包括多个变量（不止货币总量）的信息集合；（4）通过向公众和市场传递货币政策制定者的计划和目标，来提高货币政策的透明度；（5）增强中央银行实现通货膨胀目标的责任。

通货膨胀目标制的优点和上文讨论的单一目标制的优点类似，包括：（1）减少时间不一致问题，防止在短期内推出过分扩张的货币政策；（2）提高政策透明度，促进和公众的沟通；（3）增强责信度，符合民主原则，央行对公众和政府高度负责，也能够更好地赢得公众的支持；（4）效果更好，通货膨胀率被稳定地控制在较低水平。

2008 年前，通货膨胀目标制的施行效果很好，但是国际金融危机发生后，通货膨胀目标制存在的缺陷日益凸显。对通货膨胀目标制的批评主要集中在：信号迟滞、过于僵化、增加产出波动的可能性以及低经济增长。实践中，通货膨胀目标制的确存在一定的信号迟滞，不过并非理论上认为的那样僵化。政策的实施也并非是机械的，而是需要一定的判断力和预测，同时也会考虑产出波动和经济增长，并没有忽视其他的稳定指标。但是金融危机的启示说明，通货膨胀目标制需要增加更多的灵活性。

 货币政策是否要对资产价格作出反应？

　　货币政策是否要对资产价格作出反应是一个备受争议的问题，不同的经济学派和中央银行在这个问题上有不同的观点。这涉及货币政策目标和工具的选择。

　　根据米什金的分析，资产价格是货币政策的核心要素，会直接影响货币政策的效果。因此，货币政策为了稳定物价和促进经济增长，有必要对资产价格作出一定程度的反应。但货币政策应该对资产价格变化反应到什么程度还存在较大的不确定性。例如，当资产价格出现泡沫时，货币政策是应该刺破泡沫，还是容忍泡沫堆积，抑或只是对泡沫破裂后资产价格下跌作出反应等都未有定论。

　　2008 年国际金融危机爆发以前，以时任美联储主席格林斯潘为代表，支持央行不应该刺破资产价格泡沫的观点较受欢迎。主要理由包括：资产价格的泡沫难以确认；加息无助于消除泡沫，反而可能导致其突然破裂，加剧对经济的破坏力；资产价格的泡沫只存在于部分资产中，难以实施特定的干预；泡沫破裂后，如果央行能够及时放松货币政策，泡沫破裂带来的破坏就是可控的。

然而，在危机发生后，残酷的现实说明，泡沫破裂会产生巨大的代价并且难以恢复。泡沫可能是信贷驱动型，也可能是非理性繁荣型。其中，信贷驱动型泡沫可能会给经济带来巨大的破坏。因此，压制潜在的泡沫主要应压制信贷驱动型泡沫。金融危机前，央行锚定的通胀指标并不包括资产价格。住房抵押贷款支持证券等各类金融创新产品层出不穷，伴随着信贷标准的放松，资金大量流向房地产市场和金融市场，从而导致资产价格持续上涨，偏离基本价值。由于资产的价格不体现在通胀指标里，所以锚定通胀的央行并不对资产价格的上涨采取措施。然而潜在的金融风险不断积累，最终次贷危机爆发。因此在危机后，央行越来越注重金融稳定，并有充分理由去压制信贷驱动型泡沫。

为了有效地优化金融监管，压制潜在的信贷驱动型泡沫，宏观审慎政策①成为央行的首要选择。当信贷市场过度繁荣，审慎监管能够有效地抑制过度冒险行为，避免出现泡沫，其以金融稳

---

① 影响信贷市场的监管政策被统称为宏观审慎监管，是抑制信贷驱动型泡沫的有效工具。

定为目标，防范化解系统性金融风险。

 什么是泰勒规则?

泰勒规则（Taylor Rule）是由经济学家约翰·泰勒（John Taylor）于1993年提出的一种用于设定短期利率的经济学方程，是常用的货币政策规则之一。20世纪90年代后，财政政策的作用被削弱，货币政策成为美国宏观调控的主要手段。美联储开始以实际利率的调整作为宏观调控的主要手段。1993年后，时任美联储主席格林斯潘放弃了十多年来以货币主义为基础的货币政策操作体系，采取了以联邦基金利率为中间目标的新的货币政策体系。泰勒规则为这一货币政策体系转换提供了理论和实践基础。泰勒规则旨在帮助中央银行根据经济变量的状况调整利率，以实现宏观经济的稳定和对通货膨胀的控制。

泰勒规则的基本思想是，中央银行应该根据通货膨胀和实际产出对潜在产出的偏离程度调整短期利率。当通货膨胀或产出偏离目标时，中央银行通过调整短期利率来对抗通货膨胀或促进产出的调整。但是要注意，只有利率完全市场化的国家才有条件采用泰勒规则。

泰勒规则的一般形式如下：

$$i = r^* + \pi + 0.5\,(Y-Y^*) + 0.5\,(\pi-\pi^*)$$

其中，i 是短期利率，即中央银行设定的基准利率；r^* 是实际利率的自然水平，即在没有通货膨胀和生产水平低于潜在产出的情况下，中央银行希望实现的利率水平；π 是通货膨胀率；Y 是实际产出（经济产出）；Y^* 是潜在产出，即在没有资源空闲的情况下经济能够实现的产出水平；π^* 是目标通货膨胀率。

尽管泰勒规则是一个简化的模型，但它在货币政策制定中具有一定的影响，能帮助分析和预测中央银行可能采取的政策动向。根据这一规则，可以预测联邦基金名义利率的变化趋势。然而，实际中央银行的决策可能受到更多因素的影响，而不仅仅是通货膨胀和产出的偏离。

近年来，泰勒规则的解释力有所下降，与其模型设定有直接关系（Kliesen，2019[1]）：第一，模型中通胀指标选用的是 GDP 平减指数，其覆盖面比较广泛；而美联储更关心的是波动性较低的核心通胀。第二，在泰勒的原始规则中，实际利率保持长期不变。第三，模型中权重相等且固定不变；但美联储的政策重心在不同时期会有所差异。系数也会相应发生变化。[2]

---

[1] Kliesen, Kevin, "Is the Fed Following a 'Modernized' Version of the Taylor Rule?", *Economic Synopses*, 2019.

[2] 邵宇、陈达飞、赵宇:《利率是理解美联储政策正常化的关键——基于"泰勒规则"视角》,《金融市场研究》2022 年第 9 期。

宏观经济环境的变化也影响了规则的解释力和预测力。面对复杂多变的金融环境，美联储更加强调政策的灵活性而不是刚性。金融危机之后，由于原始泰勒规则拟合度的下降，出现了各种变形，目前已经发展成为"泰勒规则家族"，包括美联储后续推出的埃文斯规则、耶伦规则、布拉德规则都是基于泰勒规则的修订。

如何看待相机抉择和基于规则的货币政策？

相机抉择政策和基于规则的政策是两种不同的政策调控方式。所谓的相机抉择政策指的是一种权衡性的、反周期的货币政策。央行根据当前的宏观经济形势和环境，制定相应的货币政策。本着"逆风向原则"，当经济下滑或萧条时采取扩张性货币政策，刺激经济；当经济过热时则采取紧缩性货币政策，使经济保持稳定运行。这种策略在凯恩斯主义盛行的时代备受拥戴。凯恩斯主义者认为，依经济环境而进行相机抉择的货币政策能够有效地起到削峰填谷的作用，实现经济稳定。

相机抉择货币政策的指导思想首先受到了货币主义者的批评。货币主义者不主张国家对经济生活进行干预，因为他们认为这种干预可能由于时滞等的存在导致周期波动的加剧。按照他们的货币需求理论，主张货币政策应该遵循固定的货币增长率规则，比如泰勒规则，即基于"单一规则"或"规则"的货币政策。其次，理性预期学派认为，在宏观经济政策方面，公众会基于其预期采取相应的行动。中央银行对货币政策的预先承诺将影响人们的预期形成，一旦预期形成，中央银行可能发现在这种环境下，采取更为激进的货币政策会产生更好的效果。然而，由于人们对货币政策时间不一致的反应，最终可能导致货币政策无法实现最理想的结果。因此，他们也支持基于规则的政策。

相机抉择的货币政策和基于规则的货币政策已经成为一组对立的概念，但随着宏观经济情况的演变，它们对应的现实含义已经发生了变化。当前，"相机抉择"概念存在着否定性和肯定性两种解释。否定性解释将其视为货币当局采用不同于公开目标的隐蔽目标来执行其政策意图；肯定性解释则认为货币当局有必要根据不同的经济状况调整其政策措施，从而赋予"相机抉择"概念积极的内涵。

在实际操作中，央行既不会纯粹采用相机抉择政策，也不会完全基于单一规则。相反，中央银行被要求在货币政策目标决策中将这两种方式融合起来，遵循"相机抉择"的规则。这意味着中央银行需要根据当前的宏观经济状况和货币政策目标，灵活地调整其政策方向。在这一框架下，央行可以在必要时灵活运用相机抉择的方式，以更好地适应经济的动态变化，同时也需要遵循一定的规则和指导方针，以确保货币政策的稳健性和透明度。例如，在通货膨胀目标制下，它既承认一个由当前条件决定的基本通货膨胀率，并据此控制货币供给；同时又采取相机抉择的对策，应对诸多可能引发通货膨胀的因素。

 美国、欧洲、日本央行货币政策的最终目标是什么?

（1）美国联邦储备系统强调物价稳定和充分就业的双目标

美国联邦储备系统（The Federal Reserve System of U.S.，简称"美联储"）强调物价稳定和充分就业的双目标。2020 年 8 月 27 日，联邦公开市场委员会（FOMC）宣布一致批准更新《长期目标和货币政策策略声明》，并表示将采取就业优先的灵活平均通货膨胀目标制。

回顾历史，第二次世界大战后至 20 世纪 70 年代中期，美联储主要采用传统的凯恩斯主义相机抉择的货币政策，以稳定物价和促进经济增长为最终目标，根据经济形势逆风向调节。"滞胀"发生后，政策主张由凯恩斯主义转向现代货币主义。在沃尔克担任美联储主席期间，以抑制通货膨胀为最终目标。80 年代后，格林斯潘担任美联储主席，既关注通胀稳定也关注适度经济增长，且更看重经济增长，强调二者的平衡。2006 年，新凯恩斯主义学派经济学家伯南克担任美联储主席。在货币政策框架上，与格林斯潘不同，伯南克主张灵活的通货膨胀目标制，即在维持长期价格稳定的同时灵活地应对美国经济形势的变化。2008 年国际金融危机以后，美联储逐渐明确通货膨胀目标制。2012 年 1 月 25 日，联邦公开市场委员会发布《长期目标与货币政策战略报告》，实行通货膨胀目标制。联邦公开市场委员会在该报告中公布了单一的、量化的通货膨胀率目标，即 2% 的个人消费支出平减指数（PCE），该目标每年 1 月份更新。该报告声明美联储实施的是灵活的通货膨胀目标制，并且同样会关注持续的就业最大化。①

（2）欧洲中央银行以欧元区物价稳定为核心最终目标

欧洲央行以欧元区物价稳定为核心最终目标。在不影响物价稳定的条件下，欧洲央行将支持平衡的经济增长、以充分就业和社会进步为目标的高度竞争的社会市场经济，以及高度保护和改善环境等《欧盟条约》第 3 条规定的目标。

1999 年欧元全面运作前，欧洲央行将物价稳定设定为通胀率低于 2%。2003 年 5 月，面对高通胀压力，其将中期通胀目标确定为"低于但接近 2%"（Maintaining Inflation Rates Below，

---

① 肖筱林:《发达经济体货币政策演变述评:2008—2022》,《经济管理学刊》2023 年第 1 期;苏乃芳、张文韬:《美联储货币政策框架的演变及启示》,《西南金融》2021 年第 2 期。

But Close to 2%）。新冠疫情后，欧洲央行重新审视货币政策框架，意图设定"更为可靠、更易于为市场所理解"的通胀目标，拓展操作空间。2021年7月，欧洲央行将中期通胀目标调整为"寻求通胀率在2%"（Aiming for a 2% Inflation Target），采用对称通胀目标。此前，通胀可以略低但绝不能高于2%，调整后，双向偏离目标均不可取，通胀不能持续高于或低于2%。本质上，欧洲央行采取弹性平均通货膨胀目标制，允许通胀率阶段性高出2%，出现阶段性的通胀目标"超调"，强化了货币政策稳定经济的能力。①

（3）日本中央银行寻求经济增长和物价稳定的平衡

日本央行采取了通货膨胀目标制，并力图寻求经济增长和物价稳定之间的平衡。由于日本经济长时间处于衰退和通货紧缩的状态，日本央行一直采取宽松的货币政策。

2012年，日本央行将"中长期物价稳定"确立为货币政策目标，设定通胀率目标为1%。然而，在2013年1月的货币政策会议上，又对目标进行了修订，将其调整为"物价稳定和2%的通胀率"。随后，2016年9月，日本央行宣布调整通货膨胀目标制，允许"超调"。即使通胀率最终上升到2%以上，货币当

---

① 王晋斌：《欧洲央行货币政策新框架：中期平均通胀目标制》，见 https://finance.sina.com.cn/jjxw/2021-07-09/doc-ikqcfnca5916709.shtml；中银研究：《欧洲央行通胀目标调整与货币政策走向——与美联储的比较分析》，见 https://finance.sina.com.cn/zl/china/2021-08-25/zl-ikqcfncc4936601.shtml。

局仍将保持耐心，并持续实施宽松货币政策。进一步，在 2018
年，日本央行再次修改目标，将实现 2%通胀率的时间跨度从中
期改为"尽可能早的时间"。为实现这一目标，日本央行通过前
瞻性指引承诺采取持续的大规模量化宽松政策，以尽早实现 2%
的通胀率。直至 2024 年 3 月 19 日，日本央行宣布加息 10 个基点，
将关键利率上调至 0%，为 17 年来首次加息。同时，日本央行
宣布结束国债收益率曲线控制政策。

 我国货币政策的最终目标是什么?

目前我国的货币政策以币值稳定为首要目标，坚持"保持货币
币值的稳定，并以此促进经济增长"，同时更加重视就业目标。[①]

1993 年国务院《关于金融体制改革的决定》首次以中央文
件的形式阐述了货币政策的最终目标是"保持货币的稳定，并以
此促进经济增长"。1995 年我国颁布了《中华人民共和国中国人
民银行法》，再次明确了我国货币政策的最终目标是"保持货币
币值的稳定，并以此促进经济增长"。币值稳定这一最终目标也

---

① 易纲:《建设现代中央银行制度》,《时代金融》2021 年第 1 期。

贯彻至今。

回顾中国人民银行最终目标设定的历史，我们可以理解为何币值稳定的最终目标发挥着重要的作用。事实上，无论是内部的通货膨胀，还是外部的国际收支恶化，都会给宏观经济的稳定增长带来严重的阻碍。关于货币政策的最终目标，20 世纪 90 年代前并没有一个统一定论，人们普遍认为货币政策的最终目标就是宏观调控的四大目标——经济增长、物价稳定、充分就业、国际收支平衡。随着现实经济情况变化，央行在每一阶段货币政策目标重点也在不断变化。1984—1991 年，货币政策最终目标是反通货膨胀。彼时经济过热，物价上涨严重，通过"控制总量，调整结构"的货币政策的实施，经济于 1991 年恢复到了低通胀下的快速增长路径。1992 年后，经济进入新的周期，持续高涨的投资热情和宽松货币政策使得经济再度过热。外汇市场上，人民币大幅度贬值，国际收支出现恶化。这一阶段的主要目标又转变为抑制日益严重的通货膨胀和平衡国际收支。[①]

自 1995 年《中华人民共和国中国人民银行法》明确了货币政策的最终目标后，货币政策始终坚持以币值稳定作为首要目标。货币币值稳定有对内和对外两方面的涵义：对内的涵义是保持物价稳定，必须管好货币总闸门；对外的涵义是保持人民币汇

---

① 吴超林：《1984 年以来中国宏观调控中的货币政策演变》，《当代中国史研究》2004 年第 3 期。

率在合理均衡水平上基本稳定，为此要增强人民币汇率弹性，加强跨境资本流动宏观审慎管理，引导社会预期，把握好内部均衡和外部均衡的平衡。

随着宏观经济环境的变化、社会发展的需要，中国人民银行又逐渐衍生出许多其他目标。2016 年，时任中国人民银行行长周小川指出，我国央行采取多目标制，既包含价格稳定、促进经济增长、促进就业、保持国际收支大体平衡四大年度目标，也包含金融改革和开放、发展金融市场这两个动态目标，即所谓的"4+2"体系。这种选择与中国处于经济转轨中的国情是分不开的。

中国特色社会主义进入新时代，对经济高质量发展的需要，以及新冠疫情后加强国际宏观经济政策协调的要求，健全现代货币政策框架迫在眉睫。除了保持币值稳定外，货币政策还强调以服务实体经济为方向，将就业纳入考量。坚持系统观念，加强前瞻性思考、全局性谋划、战略性布局、整体性推进，在多重目标中寻求动态平衡，促进协调发展。

货币政策操作目标、中间目标、最终目标三者之间的关系是什么？

要理解货币政策的操作目标、中间目标、最终目标之间的关系，就需要理解货币政策是如何运作的。中央银行并不能直接改变操作目标、中间目标或者最终目标。它能够直接控制的部分是货币政策工具，比如公开市场操作、法定准备金率、贴现率和大规模购买资产等。而且仅仅根据货币政策工具和战略无法判断货币政策的立场或者方向是紧缩还是宽松。

货币政策的操作目标，也叫政策手段或者操作手段，是指对中央银行政策工具作出反应，并反映出货币政策是宽松或者紧缩的变量。通常来说，中央银行选择的操作目标有两种类型：数量型和价格型。数量型包括准备金、基础货币等，价格型主要是短期利率。

操作目标与中间目标联系在一起，操作目标会影响中间目标。货币政策的中间目标，也叫中介目标或者中介指标，主要包括货币供应量（如 M_2）、利率等。通常具有可控性、可测性、相关性和适应性等特点。中间目标发挥着观测政策力度效果的作用。央行通过观测中间目标来了解政策是否能够有效传导。中间目标处于货币政策操作目标和物价稳定、经济增长等货币政策最终目标之间，中间目标的变动直接影响最终目标的实现。

总体来说，中央银行对货币政策工具进行操作，从而改变操作目标，进而影响和改变中间目标，通过中间目标，进一步实现货币政策的最终目标。货币政策工具不能直接影响中间目标，而是要通过政策工具，调整操作目标，来间接影响中间目标，中间目标与货币政策最终目标之间的联系更为密切。图 2-1 详细描述了货币政策工具、操作目标、中间目标和最终目标之间的关系。

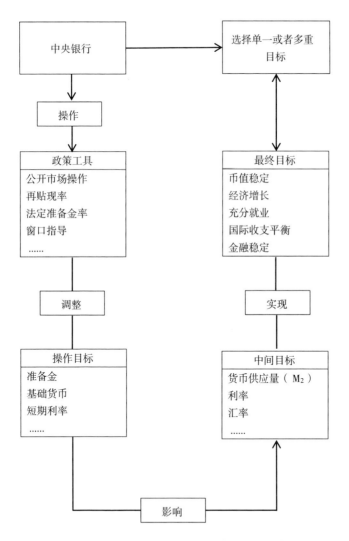

图 2-1　货币政策工具、操作目标、中间目标和最终目标之间的联系

⊖ | 货币政策的操作目标

31 货币政策操作目标的选择条件、作用
是什么？有哪些分类？

  操作目标介于政策工具和中间目标之间，是货币政策工具影响中间目标的渠道，通过货币政策传导机制有效影响中间目标并顺利实现最终目标。

  一般而言，选择货币政策的操作目标需要满足以下条件：首先，操作目标与中间目标之间存在高度的相关性，即中央银行能够通过运用货币政策工具对其进行有效控制，并且这种控制要强于对中间目标的控制。

  关于货币政策操作目标的作用，首先，由于中央银行有时无法直接通过政策工具影响中间目标，为了迅速了解政策工具对中间目标调整的效果，有必要在政策工具和中间目标之间引入一些中间变量。这些中间变量可以帮助判断中间目标的未来变化。其次，由于货币政策最终目标不仅受到货币政策措施的影响，还受

到其他非货币政策措施（如财政政策等）的影响，为了准确区分这些影响，需要在政策工具与中间目标之间引入一些中间变量，能够及时、准确地反映货币政策操作的力度和方向，向中央银行提供反馈，判断其为经济注入的货币"燃料"是否取得了成功。

操作目标既可以是价格型变量，如市场利率；也可以是数量型变量，包括基础货币、准备金数量、超额准备金等。在许多发展中国家，货币政策操作目标通常是基础货币等数量型变量。在实行通货膨胀目标制度的国家，操作目标则是短期利率。除此以外，汇率也是操作目标的一种。在部分小型开放经济体，由于本国货币与外国货币严格挂钩，货币政策的操作目标便是外汇汇率。

如今，大多数中央银行已达成共识，即银行间短期利率（货币市场短期利率）是正常时期适合的操作目标。国际货币基金组织强调，以货币储备作为操作目标的国家应尽快过渡到以利率为重点的货币框架，数量型货币政策会带来政策目标不明确、通胀不稳定、利率波动大、流动性风险高、政策传导弱等问题，不利于金融市场的发展完善。在危机期间，操作目标这一概念则较为模糊，央行会采取一些非常规的货币政策工具。[1]

---

[1] Bindseil，Ulrich，"Operational Target of Monetary Policy，Monetary Policy Operations and the Financial System"，Oxford，2014；Maehle，Nils O.，"Monetary Policy Implementation：Operational Issues for Countries with Evolving Monetary Policy Frameworks"，IMF Working Papers，2020.

数量型货币政策下的操作目标是什么?

如前文所述,货币政策可以分为数量型和价格型。数量型货币政策是指央行通过调整货币供应量来影响经济活动和实现宏观经济目标的货币政策形式。这种政策侧重于控制货币供应量,以达到稳定物价水平、促进经济增长和维护金融稳定等目标。在数量型货币政策下,操作目标通常是基础货币、存款准备金等。

基础货币是指在一个国家货币体系中被中央银行发行的、用于履行法定支付职能的货币。基础货币也被称为"货币基础""高能货币""储备货币""外部货币",或"货币供应的狭义定义"即"狭义货币",具有使货币供应总量成倍放大或收缩的能力。

一般而言,基础货币包括现金和商业银行在央行的存款。现金是流通中的货币总量,包括硬币和纸币,由中央银行发行并在流通中被广泛接受。商业银行的存款是储蓄中的货币总量,指商业银行在中央银行持有的存款,通常被要求按一定比例准备金存放在中央银行。基础货币是货币供应体系的最底层,其他更广义的货币概念,如 M_1、M_2 等,都是基于基础货币的不同层次的拓展。值得注意的是,基础货币不应与货币供应量相混淆,后者是由流通中的货币总额和商业银行的某些非银行存款组成。

存款准备金是商业银行在中央银行或其他监管机构指定账户中保留的一部分客户存款，包括法定准备金和超额准备金。存款准备金的设定是中央银行用来控制银行体系内货币供应的手段。通常，中央银行规定商业银行必须将一定比例的客户存款存放在中央银行的账户中，而不是以贷款形式提供给客户。这个比例就是存款准备金率。

法定存款准备金率是货币政策工具的一种，其调整直接影响商业银行需要存放在中央银行的存款准备金数量，进而影响商业银行的可贷款资金量。如果中央银行提高存款准备金率，商业银行将不得不保留更多的存款作为准备金，剩下的可贷款资金将减少，从而抑制了货币供应量的增长。相反，如果中央银行降低存款准备金率，商业银行则可以保留更少的存款，有更多的资金用于放贷，刺激经济活动。

超额准备金是商业银行在中央银行或其他监管机构规定的最低存款准备金要求之上，额外保持的存款准备金。这部分额外的准备金通常是商业银行自愿保留的，而不是强制性的要求。商业银行持有超额准备金可能出于多种原因，比如风险管理；信誉管理，展现良好的财务状况；应对市场波动和防范潜在的流动性风险。

33 价格型货币政策下的操作目标是什么?

价格型货币政策,又称利率型货币政策,是指央行通过调整利率水平来影响经济活动的货币政策形式。主要手段是调整利率,以影响消费、投资和通货膨胀水平。在价格型货币政策下,操作目标通常为短期利率。

在国际上,央行实现货币政策操作目标通常有两种方式。一种是以市场利率为目标,通过调整流动性来引导市场利率在设定的目标附近波动。另一种是将货币政策工具利率作为央行的政策利率,并将其作为操作目标,从而将操作目标、政策利率和货币政策工具利率合二为一。2008 年国际金融危机之后,第二种方式逐渐成为主流,因为它提高了货币政策的有效性和传导效率。

短期政策利率是中央银行设定并用于指导货币政策的利率。这通常是中央银行向商业银行提供短期资金的利率,反映了中央银行对货币供应量和整体经济状况的调控方向。而短期利率是指在短期内适用的利率。它是借款和投资的成本或回报,反映了资金在短期市场上的价格。在货币市场中,短期利率通常由中央银行通过货币政策来调控。中央银行通过设定政策利率,如美联储的联邦基金利率,来影响短期市场利率水平。政策利率的调整会直接影响银行之间的短期借贷成本，从而影响银行的贷款和存款利率，进而传导到整个金融市场，对整体经济活动和通货膨胀产生影响。

银行利率需要遵循资本的实际收益率，以便控制货币扩张，进而控制通货膨胀。这一观点可以追溯到 19 世纪，当时桑顿（Thornton）将中央银行政策视为"银行利率"政策，并分析了应如何实施银行利率政策。他认为，银行利率始终是中央银行政策的一个适当而充分的工具，可以防止货币的过度发行，从而防止通货膨胀。关于利率与通货膨胀之间的基本逻辑关系，费雪方程式精准地进行了描述，即真实利率等于名义利率剔除通货膨胀率。理解利率和通货膨胀之间基本逻辑关系的合理性是将利率作为货币政策操作目标的基础。

央行应该选择哪种短期利率作为货币政策的操作目标呢？是同业拆借利率还是公开市场操作利率？是担保（回购）拆借利率还是非担保同业拆借利率？事实上，在市场运作良好的情况下，这些利率差异非常小，所以选择谁差别不大。关键问题在于期限应该多久，是隔夜、一周，还是一个月？大多数中央银行明确或隐含地瞄准最短期限，即隔夜利率。如果锚定更长时间的利率，即以长期利率为操作目标，隔夜利率等短期利率的变动将非常极端，可能会给市场带来惊吓，需要以渐进的方式实施调整。

总体来说，在价格型货币政策下，中央银行通过定期调整短期政策利率，以应对经济的变化和达到其宏观经济目标，比如通货膨胀率的目标或就业水平的目标。投资者、企业和政策制定者通常会密切关注短期政策利率的变化，因为它可以提供关于货币政策方向和经济状况的重要信息。

34 美国、欧洲、日本央行货币政策的操作目标是什么?

（1）美国联邦储备系统以联邦基金利率作为操作目标

目前，美国联邦储备系统将联邦基金利率作为美国货币政策的操作目标。联邦基金利率是商业银行之间在联邦基金市场上进行隔夜拆借和放款的利率。这种拆借和放款活动有助于银行满足法定准备金要求，同时也反映了银行间流动性的状况。美联储通过公开市场操作等政策工具调整银行体系的拆借储备，从而影响联邦基金利率。目标利率通常通过联邦公开市场委员会的例会决定。利率水平的选择受到通货膨胀、就业和经济增长等因素的影响。联邦基金利率会进一步影响其他短期和长期利率，包括贷款利率、抵押贷款利率和企业债券利率。

回顾操作目标调整历史，1913 年美联储成立之初，便被赋予通过贴现窗口向成员银行提供紧急流动性的权限。当时的货币政策主要以调节贴现率来实现。20 世纪 20 年代初，货币政策的操作目标转向数量型，公开市场操作逐渐成为官方货币政策的主要工具。1920—1983 年，美国将超额准备金、自由准备金（超额准备金减去借入准备金）和私人存款准备金（Reserves on Private Deposits）等相关的储备变量作为操作目标。20 世纪 60 年代末，联邦基金利率作为货币政策的指标变得越来越重要。1974—1979 年，美联储隐性地将联邦基金利率水平作为目标，每当联邦基金利率偏离一个非常狭窄的区间时，就会对市场进行干预。20 世纪 80 年代初，现代货币数量论成为美联储对抗通胀的主要理论框架。保罗·沃尔克领导美联储制定新的操作规程，明确把美联储货币政策目标从联邦基金利率切换到货币供给量（M_1），并且以此设定商业银行体系的准备金总量。这次准备金目标被定义为非借贷准备金，即银行持有的准备金减去借贷准备金。在 1979—1983 年的非借贷准备金目标制之后，1983—1990 年又实行了以借贷准备金作为操作目标的货币政策。1994 年，通过在每次联邦公开市场委员会会议后宣布有关联邦基金目标利率的决定，美联储完成了向联邦基金目标利率的逐步转移。

（2）欧洲中央银行以短期政策利率为操作目标

欧洲央行实行通货膨胀目标制，将维系欧元区物价稳定作为其货币政策最终目标。其操作目标为短期政策利率。欧洲央行的三大政策利率是主要再融资操作利率（Main Refinancing Operations Rate）、存款便利利率（Deposit Facility Rate）和边际贷款便利利率（Marginal Lending Facility Rate），分别为目标利率、利率走廊下限、利率走廊上限。主要再融资操作利率是公开市场操作利率，欧洲央行通过货币政策工具进行再融资操作，调节流动性和市场利率，表明货币政策立场，传递政策信号。2008年国际金融危机爆发前，欧洲央行通过调整主要再融资操作利率为货币市场提供了大部分的流动性。边际贷款便利利率和存款便利利率分别定义了银行相互借贷的隔夜利率走廊的上下限，以调节货币市场利率。①

（3）日本中央银行操作目标经历了从价格型到数量型的转变

日本央行的货币政策操作目标经历了从价格型目标到数量型目标，再到价格型目标的多次转变。从无抵押隔夜拆借利率到基础货币，再到长短期目标利率。其操作目标的调整和日本宏观经济环境、非常规的货币政策密切相关。

回顾历史，自20世纪90年代以来，日本经济陷入长期低迷，价格水平持续下行，为了摆脱通缩，日本央行持续实施超宽松的货币政策。1999—2001年，日本首次实施零利率政策，货币政策的操作目标为无抵押隔夜拆借利率。2001年3月，日本央行宣布将货币政策操作目标转向日本央行的经常账户余额，在必要时直接购买长期国债，并首次开启量化宽松（QE）。2006—2013

---

① 《解密欧央行—工具篇》，见 https://xueqiu.com/3675440587/193467590；中金固定收益研究：《欧元区货币和财政政策工具的应用和借鉴意义——他山之玉系列》，见 https://finance.sina.com.cn/money/bond/2020-09-07/doc-iivhvp-wy5435058.shtml。

年，日本基本坚持量化宽松和零利率政策，货币政策操作目标为
无抵押隔夜拆借利率。2013 年 4 月，日本央行将量化宽松升级
为量化与质化宽松（QQE），并于 2016 年 1 月将负利率首次引入
货币政策框架，以进一步加大货币政策宽松力度，货币政策操作
目标为基础货币。2016 年 9 月，日本央行提出收益率曲线控制
（YCC）下的量化与质化宽松，以收益率曲线控制为核心，结合
通胀超调承诺提供力度空前的宽松货币政策，货币政策的操作目
标转为长短期目标利率。[①]2024 年 3 月 19 日，日本央行宣布加
息，将基准利率从 –0.1% 上调为 0—0.1%，并取消收益率曲线控
制政策。维持 8 年之久的"负利率时代"正式终结。同时，日本
央行表示将取消购买交易型开放式指数基金（ETF）和房地产投
资信托基金（REITs），但将继续购买日本国债，规模与此前基本
持平。目前，日本央行已经取消了原有的 10 年期日本国债利率
目标，货币政策主要聚焦于通过调整短期利率来实现 2% 的可持
续通胀率目标。这一政策调整反映了全球及国内环境对通胀前景
的积极预期。近期的通胀动态，包括全球通胀的直接影响、对工
资和价格的连锁反应以及通胀预期的增强，均为其政策调整提供
了有力支撑。

---

① 中金固定收益研究：《日本货币和财政政策工具的应用和借鉴意义——他山
之玉系列》，见 https：//finance.sina.com.cn/money/bond/2020-09-10/doc-
iivhuipp3657351.shtml。

35 我国货币政策的操作目标是什么?

我国货币政策的操作目标是央行政策利率。目前,中国人民银行强调完善以公开市场操作利率为短期政策利率和以中期借贷便利(MLF)利率为中期政策利率的央行政策利率体系,有效实现操作目标。

中国人民银行的做法是将货币政策工具利率作为央行政策利率,并以此为操作目标。通过政策利率体系影响市场利率。贷款市场报价利率(LPR)在中期借贷便利利率基础上按照市场化方式加点形成,再通过银行运用贷款市场报价利率定价影响实际执行的贷款利率,共同形成市场化的利率形成和传导机制,以此调节资金供求和资源配置,实现货币政策目标。

2008 年国际金融危机爆发以来,经济形势发生巨大变化。随着我国经济发展进入新常态,货币政策需要转型以适应新形势。基础货币创造机制发生结构转型,货币信用体系日趋复杂化。伴随着利率市场化的不断推进,2015 年存贷款利率上下限管制完全放开,中国货币政策调控进入建立健全与市场相适应的利率调控阶段。货币政策的操作目标和中间目标由数量型向价格型过渡,操作目标转向政策利率,短期为公开市场操作 7 天逆回购利率,中期为中期借贷便利利率，以引导市场基准利率。[①]

36 我国的利率体系是怎样的?

目前我国已经形成了较为完整的利率形成和传导机制，以及较为完整的市场化利率体系。中国人民银行通过短期逆回购、常备借贷便利、中期借贷便利等货币政策工具调节银行体系流动性，释放政策利率调控信号，通过利率走廊的引导，让市场基准利率（短期为存款类机构间利率债质押的 7 天回购利率，即 DR007；中期为贷款市场报价利率，即 LPR）以政策利率（短期为公开市场操作 7 天逆回购利率；中期为中期借贷便利利率，即 MLF 利率）为中枢运行，并通过银行体系传导至贷款利率，形成市场化的利率形成和传导机制，调节资金供求和资源配置，实现货币政策目标。图 2-2 详细描绘了我国的利率体系和调控框架。

---

① 何德旭、冯明:《新中国货币政策框架 70 年: 变迁与转型》,《财贸经济》2019 年第 9 期；刘伟、苏剑:《中国特色社会主义市场经济货币政策体系的形成及演变》,《经济理论与经济管理》2020 年第 8 期；张明、朱子阳、高蓓:《中国货币政策操作框架转型: 双目标选择与双机制构建》,《财经智库》2020 年第 1 期；吴超林:《1984 年以来中国宏观调控中的货币政策演变》,《当代中国史研究》2004 年第 3 期。

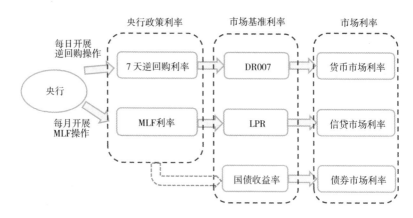

图 2-2　我国的利率体系和调控框架

资料来源：易纲：《中国的利率体系与利率市场化改革》，《金融研究》2021 年第 9 期。

表 2-1　我国主要利率品种（截至 2024 年 3 月 14 日）

利率品种	目前利率水平	简介
公开市场操作（OMO）利率	七天 1.8%	短期限逆回购操作利率
中期借贷便利（MLF）利率	一年期 2.5%	中国人民银行投放中期资金的利率
常备借贷便利（SLF）利率	7 天 2.8%（7 天逆回购利率＋100BP）	中国人民银行在利率走廊上限向金融机构按需提供短期资金的利率
贷款市场报价利率（LPR）	1 年期 3.45%，5 年期以上 3.95%	报价行按自身对最优质客户执行的贷款利率报价的算术平均数

续表

利率品种	目前利率水平	简介
存款基准利率	活期 0.35%，一年期 1.5%（2015 年 10 月 24 日最后一次更新）	中国人民银行公布的商业银行对客户存款的指导性利率
超额准备金利率	0.35%	中国人民银行对金融机构超额准备金支付的利率，是利率走廊的下限
法定准备金利率	1.62%	中国人民银行对金融机构法定准备金支付的利率
上海银行间同业拆借（Shibor）利率	隔夜在 1.7%、3 个月期在 2.16%附近	由信用等级较高的银行自主报出的同业拆借利率的算术平均数
国债收益率	十年期国债收益率在 2.34%附近	通过市场交易形成的债券市场利率参考指标

我国市场化利率体系中，最为重要的利率品种包括：公开市场操作利率与利率走廊、中期借贷便利利率、贷款市场报价利率、存款准备金利率、上海银行间同业拆借利率、存款类机构间利率债质押的 7 天回购利率和存款基准利率等。

公开市场操作（OMO）利率与利率走廊。公开市场操作 7 天逆回购利率是央行短期政策利率。央行通过每日开展公开市场操作，保持银行体系流动性合理充裕，持续释放短期政策利率信号，使存款类机构间质押式回购利率等短期市场利率围绕政策利率为中枢波动，并向其他市场利率传导。利率走廊限制了短期市场利率的波动范围，以政策利率为中枢，以常备借贷便利利率为上限，以超额准备金利率为下限。其中，常备借贷便利是央行按需向金融机构提供短期资金的工具，由于金融机构可按常备借贷便利利率从央行获得资金，就不必以高于常备借贷便利利率的价格从市场融入资金，因此常备借贷便利利率可视为利率走廊的上限。超额准备金利率是央行对金融机构存放在央行的超额准备金付息的利率，由于金融机构总是可以将剩余资金放入超额准备金账户，并获得超额准备金利率，就不会有机构愿意以低于超额准备金利率的价格向市场融出资金，因此超额准备金利率可视为利率走廊的下限。

中期借贷便利（MLF）利率。中期借贷便利利率是央行中期政策利率，与公开市场操作 7 天逆回购利率共同构成了央行政策利率体系。它代表了银行体系从中央银行获取中期基础货币的边际资金成本。2019 年以来，中国人民银行逐步建立 MLF 常态化操作机制，每月中期开展一次 MLF 操作，通过以相对固定的时间和频率开展操作，提高操作的透明度、规则性和可预期性，向市场连续释放中期政策利率信号，引导中期市场利率。

贷款市场报价利率（LPR）。贷款市场报价利率是银行对其最优质客户执行的贷款利率，创设于 2013 年 10 月。这个市场公认的参考利率有特定的形成机制。即由 18 家具有代表性的银行于每月 20 日，向全国银行间同业拆借中心提交报价，全国银行间同业拆借中心在去掉最高和最低报价后进行算术平均，并按0.05％的整数倍就近取整计算得出。

存款准备金利率。存款准备金利率是央行对金融机构存在央行的准备金支付的利率，分为法定准备金利率和超额准备金利率。存款准备金的相关信息在之前的问题中已经详细介绍，此处不再赘述。

上海银行间同业拆借（Shibor）利率。上海银行间同业拆借利率是根据信用等级较高的银行组成报价团自主报出的人民币同业拆出利率计算确定的算术平均利率，是单利、无担保、批发性利率，包括隔夜到 1 年期的 8 个期限品种，形成了完整的期限结构，可为不同期限金融产品定价提供有益参考。

存款类机构间利率债质押的 7 天回购利率（DR007）和 7 天回购利率（R007）。前者的质押标的仅限于国债、央行票据和政策性金融债，参与者主要为银行；而后者还包括非银金融性机构，DR007 便利性不如 R007。DR007 可以视为短期市场基准利率，反映流动性松紧。和 Shibor 相比，DR007 是真实成交利率，而 Shibor 是基于银行报价计算确定的。

存款基准利率。存款利率是在一定规则下，由市场决定的。央行公布的存款基准利率作为指导性利率，为金融机构存款利率定价提供了重要参考。存款基准利率过去发挥了重要作用。经过利率市场化改革，当前金融机构已经可自主确定存款实际执行利率。2022 年 4 月中国人民银行发布《2022 年一季度货币政策执行报告》中强调"自律机制成员银行参考以 10 年期国债收益率为代表的债券市场利率和以 1 年期 LPR 为代表的贷款市场利率，合理调整存款利率水平"。中国人民银行指导建立了存款利率市场化调整机制，存款利率市场化进一步发展。

> **知识链接** LPR 与 LPR 改革

　　LPR 是贷款市场报价利率，起源于美国的最优惠利率，即 Prime Rate，原意是指金融机构对其最优客户执行的贷款利率。我国的 LPR 制度于 2013 年 10 月 25 日创设。随着利率市场化改革的推进，化解贷款基准利率和市场利率"双轨制"带来的问题迫在眉睫，需要发挥好 LPR 对贷款利率的引导作用，促进贷款利率并轨。[①]

　　2019 年 8 月，中国人民银行推进 LPR 改革，完善贷款市场报价利率形成机制公告，推动贷款利率市场化。明确要求各银行在新发放的贷款中主要参考 LPR 定价，并在浮动利率贷款合同中采用 LPR 作为定价基准。其中，5 年期以上 LPR 主要为银行发放住房抵押贷款等长期贷款的利率定价提供参考。以 2019 年 10 月 8 日为时间节点，新发放商业性个人住房贷款利率以最近一个月相应期限的 LPR 为定价基准加点形成。而对于此前已经发放的住房贷款，根据金融机构与客户协商结果，陆续将定价基准转换为 LPR 加减点。

　　目前，金融机构新发放贷款已基本参考 LPR 定价，存

---

① 吴秋余、葛孟超：《走近和了解 LPR》，《人民日报》2020 年 9 月 21 日。

量贷款也已完成定价基准转换，LPR 已代替贷款基准利率，成为金融机构贷款利率定价的主要参考基准，贷款利率的市场化程度明显提升。贷款利率隐性下限被打破，LPR 及时反映了市场利率略有下降的趋势性变化，有效发挥方向性和指导性作用，引导贷款实际利率有所下行，并且形成了"MLF 利率→LPR →贷款利率"的利率传导机制，货币政策传导渠道有效疏通，贷款利率和债券利率之间的相互参考作用也有所增强，LPR 成为货币政策的"传导器"、利率走势的"风向标"、宏观调控的"参照系"。

货币政策的中间目标

货币政策中间目标的作用是什么？有哪些应注意的问题？

　　货币政策中间目标，介于货币政策最终目标和操作目标之间，一般来说是货币政策最终目标的先行指标，与最终目标存在着相对稳定的可测关系。最主要的中间目标是货币供应量和利率，其他常见的中间目标还包括融资规模、通胀预期和汇率等。中间目标也会作为货币政策的名义锚，名义锚是盯住通货膨胀预期的中间目标。

根据给定的中间目标实施货币政策时，通常要经历两个阶段。首先，央行根据各种事前假设（如所有相关干扰因素的值为零）设定一个中间目标，这个目标与预期的最终政策目标相一致。其次，央行采取措施（如使用合适的政策工具），试图实现这个中间目标，并将其在一定程度上视为政策的最终目标。在实践中，许多中央银行都以类似的两阶段方式发挥中间目标的作用，执行货币政策。

为什么要设定货币政策的中间目标呢？很长一段时间，货币政策影响实体经济变化的中间过程如同"黑箱"一般，不为人所知。20世纪70年代以来，为了提高货币政策的有效性，人们越来越关注货币政策的中间目标。对中间目标的讨论，就是希望能够选择易于观测和控制的变量（如利率或货币供应量），使得中央银行能够在货币政策实施的某个过渡期将中间目标作为货币政策目标的替代变量，即使作为中间目标的货币数量或价格最终并不是至关重要的。中间目标的潜在作用很大。原则上，广义货币供应量和信贷总量的增长目标可以为制定货币政策的中期和长期战略提供适当的方法，从而改善内部决策过程，向公众传达政策目标。货币和信贷增长的长期目标有助于确保短期决策与国家货币价值的长期稳定相一致。

货币政策的中间目标在实践中也存在很多问题。首先，由于政策模式迂回，货币政策工具不能像影响操作目标那样直接，容易导致次优的政策结果。其次，有效的中间目标要求其必须可测并与最终目标关系稳定，这意味着中间目标相当于一个外生的货币政策变量。但是显然货币供应量、利率等是与经济和收入密切相关的内生变量，其与货币政策最终目标的关系也就不可能是稳定的，不符合一个有效的中间目标的要求。特别是以货币供应量为中间目标的货币政策，过于强调数量目标，调整政策手段反而扭曲了金融机构的行为，使得货币政策在调控操作方面也产生了类似于货币决策动态不一致性（时间不一致）的问题。最后，如果某个指标被过分强调并成为政策制定的唯一目标，那么它可能会失去原本的含义，不再能够准确反映整体经济情况。这样一来，依据这个指标来作出政策决策可能会变得无意义，因为它不能提供足够全面的信息。随着对货币政策传导机制的深入研究，全球主要中央银行普遍放弃了中间目标的政策模式，有关货币调控方式的讨论更多指向操作目标。①

---

① 李宏瑾:《货币政策两分法、操作（中间）目标与货币调控方式》,《金融评论》2019 年第 3 期。

数量型货币政策下的中间目标是什么?

在数量型货币政策下，中央银行关注的重点是广义货币供应量（M2）。具体来说，中央银行可能会设定广义货币供应量的增长率作为中间目标，以确保货币供应量的适度增长，不过度膨胀。中央银行旨在通过监测和调整广义货币供应量的增长率，维持适度的货币环境，以支持经济的稳定增长，同时避免通货膨胀压力过大。除了广义货币供应量外，信贷（人民币贷款）规模、社会融资规模也是常用的数量型中间目标。

货币供应量作为货币政策评估的主要指标具有以下好处：首先，它不容易受其他非政策性因素的影响而混淆，为中央银行提供相对清晰的信号；其次，货币供应量的变动直接影响经济活动，对经济增长、物价稳定和就业目标产生直接影响；最后，中央银行可以在不控制其他指标的情况下，通过调控货币供应量的变化来实施货币政策，而且可以在不同层次上进行控制。然而，随着金融创新、放松管制和全球化的发展，货币供应量各层次的界限变得难以明确，对货币总量的判断和控制变得更加复杂。

信贷规模，也就是贷款规模，一般有两层含义：一是某一时点上的贷款总余额，也就是总存量；二是一定时期内的贷款增量。一般使用后一层含义。信贷规模是货币政策中间目标的一种。各个国家或一个国家在不同时期由于经济、政治、社会情况不同，往往采用不同的货币政策。信贷规模在过去相当一段时间被很多国家限制，规定将商业银行贷款的限额作为货币政策的中间目标。

社会融资规模也有两层含义：社会融资规模存量是指一定时期末（月末、季末或年末）实体经济从金融体系中获得的资金余额；社会融资规模增量是指一定时期内实体经济从金融体系获得的资金额。社会融资规模由四个部分共十个子项构成：一是金融机构表内业务，包括人民币和外币各项贷款；二是金融机构表外业务，包括委托贷款、信托贷款和未贴现的银行承兑汇票；三是直接融资，包括非金融企业境内股票筹资和企业债券融资；四是其他项目，包括保险公司赔偿、投资性房地产、小额贷款公司和贷款公司贷款。

相比信贷规模，社会融资规模包含的范围更大，更强调流入实体经济的资金，能够提供总量和结构两个方面的信息，反映直接融资与间接融资的比例关系，实体经济利用各类金融产品的融资情况，不同地区、不同产业的融资总量和融资结构。社会融资规模和货币供应量是相互补充、相互印证的关系，二者从不同角度为金融宏观调控提供信息支持，货币供应量从存款性金融机构负债方统计，社会融资规模则从金融机构资产方和金融市场发行方统计。①

39 价格型货币政策下的中间目标是什么？

在价格型货币政策下，中间目标通常是中长期市场利率，如贷款利率。短期市场利率通常被视为操作目标。中央银行可以使用多种货币政策工具，如公开市场操作、政策利率设定、存款准备金率调整等，来实现对利率水平的调控。调整利率水平可以影响借贷成本，影响银行的贷款和储蓄行为，进而影响整个经济的借贷、投资和消费决策，从而调整金融市场的流动性和整体货币供应，对经济产生影响。

利率作为中间目标的优点在于其可控性强，中央银行可以通过公开市场业务或再贴现政策直接调节政策利率，进而引导市场利率的走向。同时，利率具有较强的可测性，中央银行可以随时观察到利率的水平和结构。此外，货币当局可以通过利率的变化来影响投资和消费支出，从而调节总供求。

---

① 盛松成：《为什么央行要用社会融资规模指标？》，见 https : //finance.sina.com.cn/zl/china/20131031/234417184853.shtml。

然而，利率作为中间目标也存在不足之处。作为一种内生变量，利率是顺周期的，即在经济活跃时上升，在经济不景气时下降。这使得利率不能完全准确地反映货币政策的效果。此外，利率与总体需求之间的变动方向相反，这可能导致政策效果和非政策效果相互混合，使中央银行难以确定政策的有效性。因此，虽然人们通常将利率作为货币政策实现的重要指标，但不能将其视为完美的指标。

20 世纪 80 年代以来，主要经济体普遍采取以利率为中间目标的货币政策框架，比如美联储采取以联邦基金利率为核心的货币政策框架，取代之前的以货币供应量为中间目标的框架。虽然，2008 年国际金融危机后，部分国家实行的量化宽松政策对以利率为中间目标的政策体系带来了新的冲击，但这还没有从根本上改变利率作为中间目标在货币政策操作中的地位。我国目前已经放弃了以货币供应量为中间目标的货币政策，但新的货币政策框架尚未明确地建立起来，正朝着以利率为核心的货币政策框架发展。

除利率外，对于部分小型开放经济体，汇率也是货币政策中间目标的一种选择。一个国家是否将汇率作为货币政策的锚定或中间目标取决于多种因素，包括经济规模、经济开放度以及贸易依存关系等。

如何选择货币政策的中间目标?

中间目标是货币政策作用过程中一个十分重要的中间环节。对它们的选择是否正确以及选定后能否达到预期调节效果，关系到货币政策的最终目标能否实现。通常认为中间目标的选取要符合如下一些标准。

中间目标必须具有可控性。可控性是指是否易于为货币当局所控制。通常要求中间目标与所能适用的货币政策工具和操作目标之间有密切的、稳定的和统计数量上的联系。

中间目标应该具有可测性。其含义包括两个方面：一是中央银行能够迅速获取有关指标的准确数据；二是有较明确的定义并便于观察、分析和监测。

中间目标必须和最终目标具有良好的相关性。相关性是指只要能达到中间目标，中央银行在实现或接近实现货币政策最终目标方面就不会遇到障碍和困难。也就是说，要求中间目标与货币政策的最终目标之间要有密切的、稳定的和统计数量上的联系，要具有类似于自变量与因变量之间的函数关系。中间目标的变动要能够对最终目标产生可预测的影响力，中央银行可以通过控制和调节中间目标，促使最终目标的实现。

抗干扰性。货币政策在实施过程中常会受到许多外来因素或非货币政策因素的干扰。只有选取那些受干扰程度较低的中间目标，其反映出来的信息才真实、可靠和有效，避免货币当局的判断失误导致决策失误，并通过货币政策工具的操作达到最终目标。

与经济体制、金融体制有较好的适应性。经济及金融环境不同，中央银行为实现既定的货币政策最终目标而采用的政策工具、操作目标也不同，选择作为中间目标的金融变量也必然有区别。中间目标要与货币政策整体框架和方向相适应。

 美国、欧洲、日本央行货币政策的中间目标是什么？

（1）美国联邦储备系统不再强调中间目标的设定

如前文所述，美联储采用联邦基金利率作为货币政策的操作目标。美联储和其他很多采用价格型货币政策工具的中央银行一样，不再强调中间目标的设定；但是会通过作为操作目标的联邦基金利率直接影响消费贷款和信用卡的短期利率，以及抵押贷款利率和企业债券利率等中长期利率。我们可以将短期利率和中长期利率视为中间目标。

联邦基金利率变动迅速反映在银行和其他贷款机构向彼此、家庭、非金融企业和政府实体提供的短期贷款利率上。特别是，商业票据和美国国债的收益率——分别是由私人公司和联邦政府发行的用于筹集资金的短期债务证券——通常与联邦基金利率密切相关。同样，联邦基金利率的变化迅速反映在浮动利率贷款的利率上，包括浮动利率抵押贷款以及许多个人和商业信用额度。

长期利率对经济活动和就业特别重要，因为许多关键经济决策——如消费者购买房屋、汽车和其他大宗商品，或企业投资于建筑物、机械和设备——涉及长期规划。长期贷款的利率与人们对货币政策和整体经济在贷款期间的演变预期有关，而不仅仅是当前联邦基金利率的水平。因此，家庭和企业关于短期利率走势的预期调整可能影响长期利率水平。联邦储备系统关于短期利率走势及其相关经济展望的沟通，以及联邦基金利率目标的当前变化，可以帮助引导这些预期，从而导致金融条件的宽松或收紧。

（2）欧洲中央银行关于货币供应量的中间目标被淡化

在上文中我们也详细地介绍了欧洲央行的利率体系，在以利率为核心的货币政策框架下，中间目标被淡化。目前，欧洲央行通过调整主要再融资利率和其他相关利率，以影响市场上的短期利率水平，从而影响中长期利率，调节整体信贷和经济活动。

历史上，欧洲央行曾使用广义货币供应量增长率作为货币政策重要参考值。但由于货币增长与通胀之间不稳定的关系，货币供应量作为货币政策中间目标的作用逐渐减弱。2003年，在欧洲央行对货币政策战略的评估中取消了对货币供应量参考值的年度审查。从侧重于中短期发展的经济分析，转向评估中长期通胀趋势的货币分析。

目前的货币政策是中期平均通货膨胀目标制，以价格稳定为首要目标。2021年货币政策战略进行了调整，强调"要在中期内实现2%的通胀率"。监测物价水平的关键指标是统一消费物价指数（HICP），自有住房也被纳入计算价格指数的篮子。其货币政策可以分为两个阶段，2008年国际金融危机前欧洲央行主要通过公开市场操作来调节流动性，危机后欧洲央行货币政策进入新阶段，面对欧债危机和疫情后的通缩，引入了一系列非常规货币政策工具，如长期再融资操作、资产购买计划、证券市场计划、负利率等。

（3）日本中央银行以货币供应量为中间目标

日本央行目前的中间目标为货币供应量。在20世纪70年代，日本银行将货币政策中间目标从利率转向货币供应量，最初采用 M_1，后转为 M_2+CD（定期存单）。80年代中期后，由于复杂的货币供应结构和金融创新，银行逐渐减弱对 M_2+CD 的依赖，关注点转向市场利率、汇率、资产价格和广义货币。20世纪90年代末，市场利率成为核心。2001年，实施量化宽松政策，中间目标再次从利率切换为货币供应量。在后续量化宽松政策终结后，中间目标回归利率。2013年，实施了量化与质化宽松政策框架，将中间目标再次调整为货币供应量，通过基础货币投放拓展非传统货币政策。2016 年 9 月，在带有收益率曲线控制的量化与质化宽松政策框架下，中间目标再次回到利率，通过负利率和长端利率调控，影响整体收益率曲线形态。2024 年 3 月，日本央行宣布加息，并取消收益率曲线控制政策。货币政策的中间目标将逐步转变为货币供应量。

 我国货币政策的中间目标是什么?

目前，我国货币政策的中间目标正在由数量型目标向价格型目标过渡。在过去很长时间，我国货币政策的中间目标是广义货币供应量、社会融资规模、新增信贷规模及其增速等数量型目标。1984 年中国人民银行开始专门行使央行职能以来，货币政策中间目标经历了以下阶段的变化。

第一阶段是 1984—1993 年，中间目标是人民币信贷总量和现金发行量。1992 年以后，中国人民银行开始以间接调控的方式实施货币政策，把信贷总量和现金发行量作为中间目标。

第二阶段是 1994—1997 年，中间目标是货币供应量。从 1994 年第三季度起，中国人民银行开始公布各层次的货币供应量统计指标，并逐步将货币供应量纳入货币政策调控体系。同时中国人民银行还缩小了信贷规模控制范围，引入了外汇公开市场操作。

第三阶段是 1998—2012 年，货币政策以货币供应量为中间目标，同时以人民币信贷规模作为经常性的监测指标。1998 年 1 月，中国人民银行取消国有商业银行的贷款规模控制，货币政策调控方式变为间接调控，即通过公开市场操作、调整存贷款基准利率以及法定存款准备金率间接实现对货币供应量的调整，进而实现经济增长、稳定通胀、国际收支平衡等目标。

第四阶段是 2012 年以来，由于利率市场化的持续推进，以及金融创新带来的影子银行、互联网金融、资管通道类业务的爆发式增长，数量型中间目标的可测性、可控性大幅下降。中国人民银行一方面对利率的管制进一步宽松化，另一方面进行了诸多货币政策工具创新。通过各种货币市场工具，锁定短期货币市场利率，并通过利率走廊引导中长期货币市场利率在可控范围内波动。货币政策的中间目标逐渐由货币供应量转向货币市场利率。

在存贷款利率上下限管制放开之前，中国人民银行的关注点主要集中在商业银行存款基准利率上，作为价格型中间目标。然而，随着利率管制的解除，理论上一般贷款加权平均利率可作为备选的中间目标。但由于一般贷款加权平均利率并非市场直接形成的价格，其需要通过抽样统计和计算处理，存在时效性和可靠性的不足，因此一般不作为中间目标使用。当前，中国人民银行更注重将货币市场利率作为中间目标，例如上海银行间同业拆借（Shibor）利率和正逆回购利率。近年来，中国人民银行尝试建立了以常备借贷便利（SLF）7 天利率为上限、以 7 天逆回购利率为下限的利率走廊，同时更加关注存款类机构间利率债质押的 7 天回购利率（DR007）的中介作用。从金融市场的反应来看，自 2018 年以来，DR007 作为中国人民银行政策利率的认可度最高，可能在一定程度上发挥着"准政策利率"的功能。[1]

---

① 何德旭、冯明：《新中国货币政策框架 70 年：变迁与转型》，《财贸经济》2019 年第 9 期；刘伟、苏剑：《中国特色社会主义市场经济货币政策体系的形成及演变》，《经济理论与经济管理》2020 年第 8 期；张明、朱子阳、高蓓：《中国货币政策操作框架转型：双目标选择与双机制构建》，《财经智库》2020 年第 1 期；吴超林：《1984 年以来中国宏观调控中的货币政策演变》，《当代中国史研究》2004 年第 3 期。

篇 三

货币政策主要工具

数量型货币政策工具

43 数量型货币政策工具有哪些？

数量型货币政策工具通常是指中央银行控制货币供应量的政策工具。

中央银行通过采用数量型货币政策工具，进而影响中间目标货币供应量，调控其大小，传导到宏观经济，以实现政策最终目标，如物价稳定、经济增长等。常用的数量型货币政策工具主要包括公开市场操作、法定存款准备金制度、再贴现（再贷款）政策和信贷政策等。在 2013 年以前，我国央行使用的货币政策工具主要是法定存款准备金制度、再贷款等数量型工具。[①]

下面，我们将对这些常规的数量型货币政策工具进行简单介

---

① 李奇霖：《货币政策框架分析手册》，见 https : //finance.sina.com.cn/zl/
china/2021-05-25/zl-ikmyaawc7421451.shtml。

绍，对于部分政策工具，我们会在后文中详细展开讨论。

公开市场操作，即中央银行通过购买或出售政府债券等金融资产来改变市场上的货币供应量，进而影响利率水平和信贷活动。

存款准备金制度，即中央银行通过调整商业银行需要保持的存款准备金比例，从而改变银行体系的货币多重创造能力。

再贴现政策，即中央银行通过调整向商业银行提供再贴现（贴现窗口借款）的利率，以影响商业银行的借贷行为。

信贷政策包括直接信用控制和间接信用控制。直接信用控制（Direct Credit Controls），即中央银行直接限制或鼓励特定类型的信贷活动。其手段包括规定信用配额、流动性比率和直接干预等。信用配额（Credit Allocation）是指中央银行根据金融市场状况及客观经济需要，分别对各个商业银行的信用规模加以分配，限制其最高数量。这种政策工具主要流行于发展中国家。规定商业银行的流动性比率（Liquidity Ratio）也是限制信用扩张的直接管制措施之一。商业银行的流动性比率是指流动资产占存款的比重。直接干预是指中央银行直接对商业银行的信贷业务、放款范围等加以干预。间接信用控制（Indirect Credit Controls），即中央银行通过道义劝告、窗口指导等办法间接影响商业银行的信用创造，具有很强的灵活性。道义劝告（Moral Suasion）是指中央银行利用其声望和地位，对商业银行和其他金融机构发出通告、指示或与各金融机构的负责人举行面谈，劝告其遵守政府政策并自动采取贯彻政策的相应措施。窗口指导（Window Guidance）是指中央银行根据产业行情、物价趋势和金融市场动向，规定商业银行每季度贷款的增减额，并要求其执行。

在上述数量型货币政策工具中，公开市场操作、存款准备金制度和再贴现政策是货币政策的三大主要政策工具，被称为货币政策的"三大法宝"。其他是选择性的政策工具，其使用取决于宏观经济现实情况，被部分国家在一定时期所使用。

44　如何理解存款准备金制度？

存款准备金制度是一种重要的货币政策工具，用于调节商业银行的货币供应量和信贷创造。这一制度要求商业银行在其存款中保留一定比例的准备金，而非全部用于贷款或投资。这种制度的目的是通过控制银行的准备金水平来影响银行的贷款能力和货币供应。一般而言，存款准备金通常包括两部分：一是法定存款准备金，二是超额存款准备金。其中，法定存款准备金是指中央银行强制要求商业银行按照存款的一定比率存放在中央银行的资金。超额存款准备金是指银行存放在中央银行超出法定存款准备金的部分，超额存款准备金是非强制性的，主要用于支付清算、头寸调拨或资产运用的备用资金。

中央银行可以调整商业银行需要保持的存款准备金比例，从而改变银行体系的货币多重创造能力。当中央银行调高准备金率时，商业银行需要在中央银行保留更多的准备金，减少可贷款的资金，从而限制货币供应的增长。相反，当中央银行降低准备金率时，银行可以保留更少的准备金，释放更多的资金用于贷款，促进货币供应的扩张。

准备金制度首创于英国，最初是为确保商业银行在遇到大量存款提取时，能有充足的清偿能力而设立。法定存款准备金可以追溯至 1913 年美国的《联邦储备法》，到 20 世纪 30 年代大萧条后，法定准备金制度逐渐成为中央银行调节货币供应量的普遍性政策工具。几乎每一个中央银行都实行法定准备金制度。20 世纪八九十年代后，法定准备金制度被逐渐弱化。一些西方国家因法定准备金率的调整会冲击短期利率这一货币政策中间目标，以及《巴塞尔协议》关于资本充足率的监管已经覆盖了法定准备金率的功能，降低了对法定准备金率的使用，甚至在事实上取消了法定准备金制度。

法定准备金制度的效果比较强烈。首先，由于是通过货币乘数影响货币供给，因此即使法定准备金率调整的幅度很小，也会引起货币供给量的巨大波动。其次，就算法定准备金率维持不变，它也在很大程度上限制了商业银行体系创造派生存款的能力。最后，虽然存在超额准备金，但法定准备金率的调整实际上意味着会冻结一部分超额准备金。

法定准备金制度也存在一些缺陷。第一，由于法定准备金率调整的效果较强烈，不宜作为中央银行日常调控货币供给的工具；第二，法定准备金率的调整会对整个经济和社会心理预期产生显著的影响，因此法定存款准备金率有了固定化的倾向；第三，法定准备金率对各类银行和不同种类的存款影响不同，导致其效果可能存在结构上的差异。

与其他国家相比，我国对准备金率的使用较为频繁，原因主要在于：一方面，我国在 2013 年之前面临的是持续性的、不断积累的流动性过剩；另一方面，我国货币政策调控方式还处在从数量型向价格型转变的过程中，融资结构仍然以间接融资为主，这与西方国家存在很大不同。①

如何理解再贴现和再贷款工具？

再贴现是中央银行对金融机构持有的未到期已贴现商业汇票

---

① 张继强、吴宇航、仇文竹：《总量型货币政策工具全梳理》，见 https : // cj.sina.com.cn/articles/view/5115326071/130e5ae7702001qa9b。

予以贴现的行为，是中央银行向商业银行提供资金的一种方式。中央银行通过买进银行业金融机构持有的已贴现但尚未到期的商业票据，向在中央银行开立账户的银行业金融机构提供融资支持。其中，商业汇票是购货单位为购买销货单位的产品不及时进行货款支付，而在法律许可的范围之内签发的、在约定期限内予以偿还的债务凭据。我们举一个具体的例子来理解再贴现，企业A把货物卖给企业B，B开具商业汇票给A，A拿着汇票去商业银行贴现，商业银行把商业汇票转贴现给中央银行，中央银行根据自己对商业银行所持票据进行再贴现。图3-1更形象地说明了再贴现的过程。

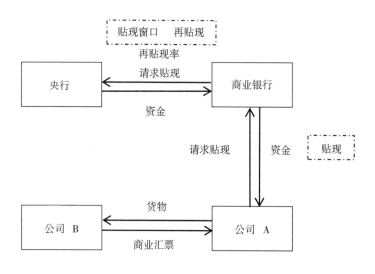

图3-1　再贴现过程示意图

再贴现的货币政策则是指中央银行通过变动自己对商业银行

所持票据再贴现的再贴现率来影响贷款的数量和基础货币量的政策。一般包括两方面的内容：一是有关利率的调整；二是规定向中央银行申请再贴现或贷款的资格。再贴现率影响商业银行贷款数量的机制是：贴现率提高，商业银行从中央银行借款的成本便随之提高，因此会相应减少贷款数量；贴现率下降，商业银行从中央银行借款的成本降低，因此会扩大贷款规模。但再贴现率的调节也是有限制的，当存在其他更强力的影响因素（如高利润预期、低投资信心）时，其作用将非常有限。

再贷款就是中央银行贷款，是指中央银行对金融机构的贷款。根据《中华人民共和国中国人民银行法》，信用贷款不包括商业银行之外的其他金融机构。所以我国的再贷款指中央银行向商业银行提供的信用贷款。具体来说，中央银行通过向商业银行提供再贷款，帮助商业银行增加流动性和资金储备；商业银行可以利用这些再贷款资金，通过向企业和个人提供贷款来支持经济活动。这有助于推动信贷市场的运作，促进投资和消费，同时确保金融系统的稳定。再贷款通常以一定的利率和期限提供，商业银行需要在规定的时间内归还。这种机制有助于调节货币供应，同时支持经济的发展。中央银行通过控制再贷款利率和条件，可以影响商业银行的借贷行为，以实现货币政策的目标。

当然，再贴现和再贷款作为货币政策工具也存在一些问题。首先，中央银行在这两个工具上缺乏足够的主动权，因为市场变化可能违背其政策意愿。商业银行是否愿意申请再贴现或再贷款，以及申请多少，取决于商业银行的决策。如果商业银行可以通过其他途径筹措资金而不依赖中央银行融资，那么中央银行就难以有效地控制货币供给量。

其次，再贴现和再贷款的利率受到一定限制。在经济高速增长时期，无论利率多高，都难以阻止商业银行向中央银行再贴现或再贷款；而在经济下滑时期，无论利率多低，也不一定能够激发商业银行向中央银行再贴现或再贷款的积极性。

最后，对于法定准备金率，贴现率和有关利率的频繁调整可能导致市场利率的不断波动。因此，虽然这些工具在货币政策中发挥着一定作用，但在实践中需要谨慎平衡它们的使用，以防止引起市场的不稳定。

如何理解公开市场操作？

公开市场操作指中央银行在金融市场上通过购买或出售财政部和政府机构的证券等金融资产来改变市场上的货币供应量，进而影响利率水平和信贷活动，实现货币政策调控目标。公开市场操作是中央银行吞吐基础货币、调节市场流动性的主要货币政策工具。这个工具的运作过程如下：当货币当局从银行、公司或个人购入债券时，将造成基础货币的增加。由于债券出售者获得支票后的处理方式不同，将产生不同形式的基础货币。

公开市场操作发挥作用，需要满足以下条件：（1）全国性金融市场。金融市场必须具备全国性，而且必须相对独立。这样中央银行才能通过对全国性金融市场的操作，影响整个经济体系的货币供给。（2）证券种类齐全。金融市场应当包含各种证券，且这些证券的种类必须足够齐全、规模足够大，以确保中央银行有足够的选择余地和操作空间。（3）其他政策工具的配合。公开市场操作需要与其他货币政策工具协调配合。例如，如果没有存款准备金制度，公开市场操作可能会受到限制，因为准备金制度通常是这一工具发挥效果的前提。

公开市场操作的优点：一是可以直接影响货币供给量。中央银行能够运用公开市场操作影响商业银行准备金，从而直接影响货币供给量。二是灵活性和连续性。公开市场操作使得中央银行可以根据金融市场的变化进行经常性、连续性的操作。这种灵活性有助于迅速应对市场波动和变化的经济状况。三是主动性。与贴现政策相比，公开市场操作使中央银行更具主动性。中央银行可以随时选择购买或出售债券，而不受商业银行的申请和需求的限制，从而更好地掌握货币政策的主动权。四是可以灵活安排规模和方向，精准实施政策。公开市场操作的规模和方向可以灵活调整，中央银行可以根据需要微调货币供给量，而不会像法定准备金率的变动那样引起市场的震动性影响。总体而言，公开市场操作作为货币政策工具的优点在于，其直接、灵活、连续主动的特性使中央银行能更好地实现对货币市场和经济的调控。

下面简单介绍我国的公开市场操作，我国的公开市场操作具有以下特点。

（1）采用一级交易商制度。一级交易商是指具有直接与中国人民银行进行证券交易资格的金融机构。中国人民银行从1998年开始建立公开市场业务一级交易商制度，选择了一批能够承担大额债券交易的商业银行作为公开市场业务的交易对象。目前，我国一级交易商共有49家，涵盖了政策性银行、商业银行、券商等机构。

（2）资金纵向分层传导。一级交易商将中国人民银行公开市场操作的资金逐渐传导至整个金融体系。资金先流向一级交易商，然后通过这些交易商流向其他中小银行，最终流向非银金融机构。这种分层传导机制使得资金传递有一定的渠道，但也可能因为某一环节梗阻导致传导不畅。

我国公开市场操作的交易品种主要包括回购交易、现券交易、中央银行票据、国库现金定存等。

回购交易分为正回购和逆回购两种，正回购为中国人民银行向一级交易商卖出有价证券，并约定在未来特定日期买回有价证券的交易行为。正回购为央行从市场收回流动性的操作，正回购到期则为央行向市场投放流动性的操作。逆回购为中国人民银行向一级交易商购买有价证券，并约定在未来特定日期将有价证券卖给一级交易商的交易行为。逆回购为央行向市场上投放流动性的操作，逆回购到期则为央行从市场收回流动性的操作。

现券交易分为现券买断和现券卖断两种，前者为央行直接从二级市场买入债券，一次性地投放基础货币；后者为央行直接卖出持有债券，一次性地回笼基础货币。

中央银行票据，即中国人民银行发行的短期债券。央行可以通过发行央行票据回笼基础货币，央行票据到期则体现为投放基础货币。

国库现金定存实际由财政部主导，由于在公开市场操作处经办，因此也可以归为公开市场操作。国库现金是指财政部在央行总金库的活期存款。国库现金定存就是国库资金在中央银行保留一定的余额以后，其余部分存放在商业银行。

❯ 知识链接 逆回购、短期流动性调节和央行票据互换

逆回购的交易期限包括7天、14天、28天和91天等。目前央行对逆回购使用频繁，最常用的期限为7天和14天，比如，2024年2月2日，中国人民银行就开展了970亿元的7天期和14天期逆回购操作，中标利率分别为1.80%和1.95%。逆回购是央行调节短期流动性的主要手段。值得

注意的是，美联储逆回购方向与我国相反，旨在回笼资金，收回流动性。

短期流动性调节（Short-term Liquidity Operations，SLO），是中国人民银行于2013年1月创立的新型货币政策工具，作为公开市场常规操作的必要补充，在银行体系流动性出现临时性波动时相机使用。短期流动性调节工具主要以7天期以内短期回购为主，简单说就是"超短期的逆回购"，主要用来调节比7天更短的货币供应和利率。央行可灵活决定该工具的操作时机、操作规模及期限品种等，通常在公开市场操作间歇期使用。SLO对象一般为公开市场业务一级交易商中具有系统重要性、资产状况良好、政策传导能力强的部分金融机构。SLO在创设后多次使用，但是2016年之后中国人民银行提高了公开市场操作频次，逐渐放弃使用SLO。

央行票据互换（Central Bank Bills Swap，CBS），是创设于2019年1月24日的一种新型货币政策工具，目的在于提高银行永续债的流动性，支持银行发行永续债补充资本，增强金融支持实体经济的能力。永续债是指没有明确到期日或期限非常长的债券，通常被用作银行补充资本金的一种融资工具。尽管作为新兴的债券品种，市场对永续债的认可度相对较低，但央行债券享有较高信用评级，备受市场信任。通过CBS将金融机构持有的永续债置换成央行票据后，金融机构将央票作为抵押物开展资金拆借，相当于央行利用自身信用，给金融机构增加了高优质流动性资产，同时保留了持有永续债所带来的利息收入。通过这一过程，金融机构不仅提升了资产组合的流动性水平，还增强了市场对投资永续债的兴趣和意愿。这种操作有助于提高金融机构持有永续债的市场价值，同时为整个金融市场注入更多流动性。

价格型货币政策工具

47 价格型货币政策工具有哪些？

价格型货币政策，也被称为利率型货币政策，是指央行通过调整利率水平来影响经济活动的货币政策形式。在小型开放经济体，汇率水平也是价格型货币政策调节的中心。货币政策通过利率或者汇率变化，影响微观主体的成本、收入和预期，影响其经

123

济行为决策，进而调整经济活动和通货膨胀水平。价格型货币政策工具主要是那些可以直接调节和引导市场利率水平的政策工具等。

在主要发达经济体，中央银行通常采取价格型货币政策，货币政策的中间目标主要是利率。20世纪80年代以来，随着货币供应量作为中间目标的数量型货币政策逐渐失效，各国中央银行纷纷转向以利率作为中间目标、短期目标利率作为政策工具的价格型货币政策。利率调控方式由以公开市场操作为主转向利率走廊模式。利率走廊是指中央银行通过向商业银行等金融机构提供存贷款便利工具作为利率调控的上下区间，从而将短期货币市场利率稳定在政策目标利率附近，以稳定市场利率和银行间系统流动性。目前，主要国家中央银行均实施了显性或隐性的利率走廊。

美联储以公开市场操作进行利率调控。公开市场操作始终是美联储最重要的货币政策工具，以两周为期对金融机构法定存款准备金进行考核，影响金融机构的储备头寸需求，进而有效引导市场利率。同时，通过授权纽约联储每日进行公开市场操作吞吐基础货币影响市场流动性，从而将联邦基金利率推至联邦公开市场委员会设定的利率目标区间。2008年国际金融危机后，美联储也开始采用隐形利率走廊模式，采取以超额准备金利率（IOER）作为利率走廊上限、隔夜逆回购协议利率（ON RRP Rate）作为利率下限的非对称利率走廊模式。

欧洲央行也采取了利率走廊进行利率调控。上文我们详细介绍过，欧洲央行利率走廊上、下限分别为边际贷款便利利率和存款便利利率。主要再融资利率起到了欧洲央行利率走廊机制中目标利率的作用。欧洲央行公开市场操作主要包括四种类型：主要再融资操作、长期再融资操作、微调操作和结构性操作。虽然欧洲央行不用频繁地进行公开市场操作调节流动性，但公开市场操作仍然是欧洲央行指导利率、管理市场流动性的重要货币政策工具。

在我国，中国人民银行也正从基于数量的货币政策框架转向基于利率的货币政策框架，但与其他国家不同的是，中国人民银行使用了多种政策工具。在取消存款利率上限后，中国人民银行引入了短期流动性操作、常备借贷便利、中期借贷便利和抵押补充贷款等工具，通过这些工具释放政策利率调控信号，调整银行体系的流动性。目前，我国已形成以公开市场操作利率为短期政策利率和以中期借贷便利利率为中期政策利率、利率走廊机制有效运行的央行政策利率体系。在利率走廊制度下，市场基准利率以政策利率为中心运行，通过银行体系传导至贷款利率，形成了市场化的利率形成和传导机制，有助于调节资金供求和资源配置，从而实现货币政策的目标。其中，最重要的政策工具就是中期借贷便利、公开市场操作7天逆回购利率、存贷款基准利率和贷款市场报价利率。

我国频繁使用的价格型货币政策有哪些？

我国现阶段特别设立并频繁使用的用于调节流动性和调整利率水平的货币政策工具包括：常备借贷便利（SLF）、中期借贷便利（MLF）、定向中期借贷便利（TMLF）和抵押补充贷款（PSL）。① 表 3-1 总结和对比了各种货币政策工具的特点。

表 3-1　SLF、MLF、TMLF 和 PSL

工具	SLF	MLF	TMLF	PSL
中文名	常备借贷便利	中期借贷便利	定向中期借贷便利	抵押补充贷款
主动发起方	商业银行	央行	央行	央行
期限	1—3 月	3 个月、6 个月、1 年	1—3 年	3—5 年
资金用途	央行向商业银行提供短期流动性	"三农"小微企业	小微企业、民营企业	特定政策和项目建设
利率决定方	央行	利率招标	利率招标	央行

---

① 《一张图彻底看懂 SLF、MLF、SLO、PSL》，见 https：//finance.ifeng.com/a/20170427/15324027_0.shtml；《央行四种货币政策工具介绍：SLO、SLF、MLF 和 PSL》，见 https：//www.poly.com.cn/blcw/s/1424-4245-19501.html；货币政策司：《具体工具介绍（截至 2023 年 09 月末）》，见 http：//www.pbc.gov.cn/zhengcehuobisi/125207/125213/4634692/4634697/5112065/index.html。

（1）常备借贷便利（Standing Lending Facility，SLF）

常备借贷便利于 2013 年初设，是中国人民银行正常的流动性供给渠道，主要功能在于满足金融机构的大额流动性需求，期限以 1—3 个月为主，服务对象是政策性银行和商业银行。SLF 由金融机构主动发起，当金融机构缺少流动资金时，可以将高信用评级的债券类资产及优质信贷资产等作为抵押，向央行一对一地申请抵押贷款，那么央行就可以借此把货币注入市场，调节市场的短期货币供应量和利率。

央行通过 SLF 对短期利率进行引导。SLF 利率被设定为利率走廊的上限，而下限则由超额存款准备金率确定。当市场利率超过一定阈值时，央行可能采取强制性措施，使用 SLF 工具制止同业拆借活动并引导其向央行借款。通常在市场流动性紧张的情况下，SLF 能够有效地提供额外的流动性支持。

（2）中期借贷便利（Medium-term Lending Facility，MLF）

中期借贷便利是 2014 年 9 月由中国人民银行创设的提供中期基础货币的货币政策工具，并以此引导中期利率。中期借贷便利利率发挥中期政策利率的作用。MLF 适用对象为符合宏观审慎管理要求的商业银行和政策性银行。中国人民银行通过招标方式开展，选择合适的商业银行，按中标利率为商业银行提供借款，发放方式为质押方式，金融机构可以通过提供国债、央行票据、政策性金融债、高等级信用债等优质债券作为合格质押品来获得资金。作为逆回购和 SLF 的补充，MLF 的期限较长，一般为 3 个月、6 个月和 1 年。

中国人民银行每月会进行 MLF 的常态化操作，发放的 MLF 临近到期可能会重新约定利率并展期。MLF 的目的主要在于刺激金融机构向"三农"和小微企业等特定行业和产业发放贷款，政策导向明显。

（3）定向中期借贷便利（Targeted Medium–term Lending Facility，TMLF）

定向中期借贷便利由中国人民银行于 2018 年 12 月创设，为的是进一步加大金融对实体经济，尤其是小微企业、民营企业等重点领域的支持力度，为其提供长期稳定资金来源。TMLF 算得上"加强版"的 MLF，相当于期限更长、利率更低、投向更明确的 MLF，其降息效果更多体现在银行间货币市场。

TMLF 与 MLF 的主要区别有：（1）期限不同，MLF 是 3 个月至 1 年期，TMLF 是 1 年期，可续作两次，最长 3 年期；（2）利率不同，TMLF 的利率相对更低；（3）操作对象不同，MLF 的操作对象更广泛、更具有普适性，主要目的是补充基础货币，TMLF 的操作更看重金融机构对增加小微企业、民营企业贷款的能力。①

（4）抵押补充贷款（Pledged Supplementary Lending，PSL）

抵押补充贷款是中国人民银行于 2014 年 4 月创设的长期基

---

① 《TMLF 利率为何下降？有什么影响？》，《金融时报》2020 年 4 月 24 日。

础货币的投放工具。抵押补充贷款采取质押方式发放，合格抵押品包括高等级债券资产和优质信贷资产，期限是3—5年。从数量层面看，PSL是基础货币投放的新渠道；从价格层面看，PSL通过商业银行抵押资产从央行获得融资。PSL的目标是借PSL的利率水平来引导中期政策利率，以实现央行在短期利率调控之外对中长期利率水平的引导和掌控。

PSL的初衷是为开发性金融支持棚户区改造、地下管廊建设、重大水利工程、"走出去"等重点领域重点项目提供长期稳定且成本适当的资金来源。发放对象为国家开发银行、中国农业发展银行和中国进出口银行。对属于支持领域的贷款，按贷款本金的100%予以资金支持。属于阶段性工具。

49 如何理解货币政策工具由数量型转向价格型？

货币流通速度不规则变化导致数量目标不再可靠。数量型货币政策的理论基础是货币数量论。根据货币数量论，在货币流通速度稳定的情况下，中央银行可以通过货币供应量来控制名义收入，进而通过调节货币供应量来调节通货膨胀，调控宏观经济。然而货币流通速度逐渐发生了不规则的变化，新兴经济体货币流动速度明显放缓，货币流通速度稳定的前提条件不再成立，货币供应量作为中间目标也就不再是一个有效和可靠的选择。

坚持使用数量目标可能影响价格水平和产出的稳定。当货币需求函数稳定性下降时，若继续以货币数量作为目标，就可能导致价格水平的大幅波动，进而影响产出的基本稳定，这其实已成为推动货币政策调控框架逐步转型和优化的内生力量。

货币供应量和通货膨胀的相关性减弱。货币供应量与通货膨胀的相关性检验结果表明[①]，货币供应量与通货膨胀的相关性已变得越来越弱。

总之，各新兴经济体的中央银行在过去 20 多年里已经逐步放弃了数量型货币政策。国际货币基金组织也强调采用数量型货币政策的国家应尽快过渡到以利率为重点的货币政策框架，以货币供应量为中间目标的数量型货币政策会带来政策目标不明确、通胀不稳定、利率波动大、流动性风险高、政策传导弱等问题，不利于金融市场的发展完善。他们会积极支持新兴经济体进行政策转型，并提供能力建设等方面的帮助。近年来，中国人民银行也多次强调"重价不重量"，表示观察流动性松紧程度最直观、最准确、最及时的指标是市场利率，引导公众重点关注公开市场操作利率、中期借贷便利利率等政策利率，以及市场利率在一段

---

① 伍戈、连飞:《中国货币政策转型研究：基于数量与价格混合规则的探索》，《世界经济》2016 年第 3 期。

时间内的总体运行情况，而非过度关注流动性数量以及公开市场操作规模等数量指标，反映出利率市场化改革逐步推进，以及我国货币政策调控框架向价格型转变的趋势。

我国货币政策的转型尽管已经取得一些进展，但仍需努力解决现有问题，缩小与发达国家存在的差距。以下是需要关注和改进的几个方面。①

利率市场化改革与双轨合一。中国人民银行在积极推进利率市场化改革的同时，要考虑到与之配套的改革，例如逐步取消对国有企业的隐性担保，培育对资金利率高度敏感的经济主体等。

基础利率的传导效率。我国基础利率传导效率较低，尤其是短期利率对中长期贷款利率的传导效率。需要关注银行体系市场化程度的提高，以及商业银行内部部门分割现象的解决，以使货币政策更有效地影响实体企业的融资成本。

资金在金融系统内部的传导效率。资金在金融系统内部传导链条较长，总体使用效率下降。部分释放的流动性未能有效转化为实体经济的投融资，尤其在中小微民营企业和农村农业领域传导不畅。解决这一问题需要优化金融体系的内部传导机制，确保货币政策的效果更好地传导至实体经济。

---

① 张明、朱子阳、高蓓:《中国货币政策操作框架转型:双目标选择与双机制构建》,《财经智库》2020 年第 1 期;伍戈、连飞:《中国货币政策转型研究:基于数量与价格混合规则的探索》,《世界经济》2016 年第 3 期。

货币政策工具的创新

50 货币政策工具有哪些创新？

（1）美联储的货币政策工具创新

美联储的货币政策工具创新主要包括三类：面向金融机构的创新型工具、面向交易商的创新型工具、面向货币市场的创新型工具。

面向金融机构的创新型工具。主要包括定期贴现窗口计划（Term Discount Window Program，TDWP）、定期拍卖便利（Term Auction Facility，TAF）等。以 TAF 为例，美联储以拍卖方式确定贷款利率，通过贴现窗口定期主动向存款性金融机构提供资金，所有财务健全的存款性金融机构都可以参与该项计划。TAF 要求的贷款担保品比公开市场操作更宽泛，只要是再贴现窗口认可的高信用等级的证券都可作为 TAF 计划的贷款担保。即便是当无担保的银行间市场承受巨大压力时，急需周转资金的金融机构也可以在规定的拍卖期内参与竞投，从美联储获得贷款。与再贴现不同的是，美联储不会公开 TAF 贷款机构的名录，面临流动性压力的金融机构不存在"因向央行贷款而对外传递不良信息"的担忧。与此同时，由于 TAF 的拍卖规模由美联储预先确定，因此美联储可以通过 TAF 贷款准确调控增加的货币供应量，从而降低货币投放的不确定性。

面向交易商的创新型工具。（1）定期证券借贷便利（Term Securities Lending Facility，TSLF）。该计划旨在不改变货币供应量或是影响证券价格的情况下，缓解国债或是其他担保债券市场的流动性压力。一级交易商需要提交 1000 万美元 TSLF 计划认可的一篮子证券作为抵押，通过单一价格拍卖形式置换获得美联储提供的高流动性债券。与 TAF 直接向金融机构提供贷款不同的是，TSLF 本质上是一级交易商将手中持有的高风险低流动性证券与美联储国债之间进行互换。（2）一级交易商信用便利（Primary Dealers Credit Facility，PDCF）。在一级交易商信用便利中，一级交易商可以使用公司债券、住房抵押贷款支持债券、资产支持证券等公开市场操作认可的所有合格抵押品作为担保，通过传统意义上只向商业银行开放的贴现窗口，以隔夜贷款的方式从美联储获得融资便利。该工具激进之处在于，担保品包括了所有投资级的证券，范围广泛，且美联储未对一级交易商通过该工具获得的借款金额设置上限，借款数量完全由市场需求决定。

面向货币市场的创新型工具。（1）资产支持商业票据货币市场共同基金流动性支持便利（Asset-Backed Commercial Paper Money Market Mutual Fund Liquidity Facility，AMLF）。当危机爆发时，资产支持商业票据市场流动性较低，持有资产支持商业票据的货币市场共同基金无法通过变卖资产完全满足投资者的赎回需求。在 AMLF 计划中，美国金融机构可以用资产支持商业票据作为抵押品，以再贴现率获得无追索权的抵押贷款，用以购买急于出售的高信用等级商业票据支持的资产证券化产品。通过 AMLF 计划，美联储帮助货币市场基金在赎回潮中保持偿付能力，同时可以改善资产支持商业票据市场乃至整个货币市场的流动性。（2）货币市场投资者融资便利（Money Market Investor Funding Facility，MMIFF）。在金融危机发生时，美国货币市场共同基金及其他投资者更愿意购买并持有期限较短、流动性较高的资产，如隔夜债券资产等。为了促进投资者在二级市场购买期限较长的货币市场工具，美联储设立了 MMIFF，以提振投资者对长期货币市场工具的信心，鼓励其拥有长期资产头寸，以此提高金融机构满足企业和个人信贷需求的能力。在 MMIFF 中，美联储向特殊目的机构（SPV）注入资金，鼓励 SPV 向投资者购买大面额存单、高信用评级金融机构发行的银行票据和商业票据等货币市场工具，为货币市场注入了流动性。

（2）欧洲央行的货币政策工具创新

欧洲央行的货币政策工具创新主要体现为两大类：对传统货币政策工具的创新、逐步引入非常规货币政策工具。

对传统货币政策工具的创新。(1) 实施负利率政策。2008
年国际金融危机爆发至今,欧洲央行多次将主要基准利率下调
至"零"以下,成为全世界第一个执行负利率政策的央行。欧
洲央行将 2008 年 10 月 4.25% 的再融资操作利率,经 7 次下调
降至 2009 年 5 月的 1%。2014 年 6 月,为缓解低通胀弱复苏
局势,欧洲央行下调存款便利利率至 -0.1%,后又持续下调至
2016 年 3 月 -0.4% 的水平。(2) 创新公开市场操作工具融资安
排。包括放宽金融机构再融资抵押品范围、大幅延长长期再融资
工具期限等。以再融资操作实行固定利率全额配给(Fixed-rate
fullallotment)为例,在金融市场流动性恶化时,欧洲央行承诺
只要拥有充足的合格抵押品,金融机构就能够以固定的再融资利
率无限量获得央行提供的流动性支持。(3) 执行超额存款准备金
负利率政策。自 2014 年 6 月,欧洲央行对银行超额存款准备金
执行负利率政策,鼓励银行机构向市场释放资金。

逐步引入非常规货币政策工具。(1) 出台系列资产购买计
划。一是担保债券购买计划(Covered Bond Purchase Program,
CBPP)。该计划于 2009 年 7 月创设,欧洲央行与欧元区内各成
员方央行在市场上购买以欧元计价的具备欧元体系信贷抵押业务
资格的担保类债券,并持有至到期。该创新工具主要是为了缓解
债券市场的流动性紧张,改善银行和企业的融资环境,引导银行
加大对市场的信贷投放力度。二是直接货币交易计划(Outright
Monetary Transactions,OMT)。在 OMT 中,欧洲央行从二级债

券市场买入规模不加限制的成员方政府债券，以解决部分成员方国债市场过度溢价问题，帮助恢复投资者信心，提升欧元区货币政策传导效率。三是公共部门债券购买计划（PSPP）及企业部门债券购买计划（CSPP）。为了对抗通胀，欧洲央行于2015年1月、2016年3月相继创设这两项创新型工具，用以购买欧元区内的中央政府债券及地方政府债券，每月购买规模可达800亿欧元。与此同时，欧洲央行参照"低于但趋近2%"的货币政策目标设定计划实施的期限，如果通胀偏离这一目标，欧洲央行将延长购买债券的期限。（2）实行前瞻性指引。从2013年7月开始，欧洲央行在每次货币政策决议中均使用前瞻性指引，对外发布利率水平、资产购买计划等货币政策核心要素预期情况，从而引导市场预期与央行目标预期靠拢。前瞻性指引已经成为低利率环境下欧洲央行实施宽松货币政策的重要工具。

（3）中国人民银行的货币政策工具创新

2013年以来，主动性和灵活性更强的创新型货币政策工具越来越受到中国人民银行的青睐。中国人民银行运用各种新设的非常规货币政策工具组合，定向为市场注入流动性，以期改善银行信贷结构，降低实体经济融资成本。这些结构性和定向性的创新工具包括短期流动性调节工具、常备借贷便利、中期借贷便利，以及抵押补充贷款。

短期流动性调节工具（Short-term Liguidity Operations，SLO）。2013年1月，中国人民银行创设SLO，作为公开市场常规操作的必要补充，在银行体系流动性出现临时性波动时相机使用。SLO 有以下几个特点。第一，操作期限短，多为 7 天以内的回购。第二，操作时点具有灵活性，通常为公开市场常规操作的间歇期。第三，操作对象仅为符合特定条件的一级交易商。第四，操作结果披露具有滞后性，操作的数量与利率价格均在一个月后对外披露。

常备借贷便利（Standing Lending Facility，SLF）。中国人民银行于 2013 年初创设了 SLF，通常期限为 1—3 个月。SLF 有以下三个特点：第一，由金融机构主动发起，金融机构可根据自身流动性需求申请 SLF，并以高信用评级的债券类资产和优质信贷资产作为抵押。第二，常备借贷便利是中国人民银行与金融机构"一对一"交易，针对性强。中国人民银行根据当时的流动性紧缺情况、货币政策目标和引导市场利率需要等多种因素，综合确定 SLF 的利率水平。第三，常备借贷便利的交易对手覆盖面广，通常覆盖存款金融机构。

中期借贷便利（Medium-term Lending Facility，MLF）。MLF 是中国人民银行提供中期基础货币的货币政策工具，于 2014 年 9 月设立。MLF 主要有以下两个特点。第一，采取质押方式发放。金融机构提供国债、央行票据、政策性金融债、高等级信用债等优质债券作为合格质押品。第二，可多次展期。由于传统工具的运用可能使得银行出现负债端与资产端的期限错配，因而将资金投放于中长期信贷的动力不大。但 MLF 的展期特性无疑为银行

137

的信贷投放意愿起到助力作用，能有效把利率往中长端传导。

抵押补充贷款（Pledged Supplementary Lending，PSL）。中国人民银行于 2014 年 4 月给予国家开发银行 3 年期 1 万亿元的 PSL，用于棚改专项贷款，开创了 PSL 的先河。PSL 的特点主要有三个：第一，期限相对较长，一般为 3 年以上，可以为长期项目提供融资支持。第二，PSL 由中国人民银行主动发起，中国人民银行根据政策导向将资金投到特定领域。第三，PSL 要求银行提供抵押。相比再贷款，PSL 可避免信用风险问题，同时建立新的政策利率基准，逐步完善价格调控框架。

51 如何理解量化宽松政策?

量化宽松主要是指中央银行在名义利率降至零附近，无法进一步通过降息来刺激经济时，通过购买中长期国债等金融资产来增加基础货币供给，向市场注入大量流动性资金的干预方式，以鼓励开支和借贷，也被简化地形容为间接增印钞票。量化宽松政策所涉及的政府债券，不仅金额庞大，而且周期也较长。一般来说，只有在利率等常规工具不再有效的情况下，货币当局才会采取这种做法。

央行可以通过两种方式实现放松银根的量化宽松：改变货币价格（即利率）或改变货币数量。多年以来，正统的货币政策一直以一个政策杠杆为中心。然而，随着通胀率回落、短期实际利率逼近零点，从原则上说，央行可以以数量杠杆来实施扩张性货币政策。影响经济活动的是实际利率而非名义利率。如果经济处于通缩状态，那么即使名义利率为零，实际利率也会保持正值。2000 年日本面临的情况就是如此——名义利率已降至零点，但在实际利率为正值的情况下，高涨的货币需求仍不足以令货币政策发挥效力，这也就是过去所说的"流动性陷阱"。

量化宽松最早在 2001 年由日本央行提出。2001—2006 年，为了应对国内经济的持续下滑与投资衰退，日本央行在利率极低的情况下，通过大量持续购买公债以及长期债券的方式，向银行体系注入流动性，使利率始终维持在近于零的水平。通过对银行体系注入流动性，迫使银行在较低的贷款利率下对外放贷，进而增加整个经济体系的货币供给，促进投资以及国民经济的恢复。这与正常情况下央行的利率杠杆调控完全不同。

如果以美联储实施的量化宽松为例，量化宽松政策实施可以大致分为四个阶段：首先，零利率政策。量化宽松政策的起点往往都是利率的大幅下降。其次，补充流动性。以"最后的贷款人"的身份进行金融危机救市。收购一些公司的部分不良资产，推出一系列信贷工具，防止国内外的金融市场、金融机构出现过分严重的流动性短缺。美联储在这一阶段，将补充流动性（其实就是注入货币）的对象，从传统的商业银行扩展到非银行的金融机构。再次，主动释放流动性。开始直接干预市场，直接出资支持陷入困境的公司；直接充当中介，面向市场直接释放流动性。最后，引导市场长期利率下降，美联储渐渐从台前回到幕后，通过量化宽松为社会经济提供资金。

 如何理解负利率和零利率?

负利率政策是一种政府要求中央银行对超额准备金收取利息的政策，是政府管理金融市场的非常规货币政策手段之一。当利率降低时，银行存有资金成本增加，负利率政策会鼓励商业银行减少放在央行的超额准备金，从而鼓励银行向民间发出贷款，负利率政策通常是央行对缓慢经济成长、通货紧缩或去杠杆化等的回应。

零利率政策是一国的中央银行利用货币政策将利率设定为趋近或等于零的情况。零利率政策被认为是一种非常规的货币政策工具，与负利率成因相似，其出现可能与一国政府由于本国经济增长速放慢、通货紧缩和去杠杆化而推行量化宽松政策有关。21

世纪以来的日本、2008—2015 年的美国，以及从 2020 年 3 月 15 日起的美国均实行零利率政策。

零利率和负利率本质是上一回事：存款利率可以为负，其中罚息可以看作现金的保管费；但借款利率的下限一定是零，如果借钱本身就能赚钱，就会产生无限的套利空间。

具体而言，在负利率的时代，直觉上银行会转嫁负利率到存户身上，使存户存在银行的存款也要向银行支付"保管费"；但实务上，银行并不会将负利率的负担直接转嫁给零售存款的利率，至多降至零利率。倘若银行对普通储蓄者开始采用负利率政策，不但会降低民众未来存款意愿，更有可能衍生出挤兑事件，使银行立刻面临经营危机。换言之，负利率只会出现在央行之决议利率里，不会出现在银行对散户公布的储蓄利率中。负利率政策和负实际利率是不同概念，前者是中央银行的政策手段，后者是指由于市场上利率过低，造成储蓄者获得的利息跑不赢通货膨胀，购买力进而缩小的情况。

1930 年，经济学家费雪曾指出，若银行持有民众的资金时没有任何储存成本，且花现金买商品没有任何额外花费，则该名目利率应为正。反之，如果持有现金有储存成本，如将现金放在银行保险箱要交保管费用，则此时存款在银行不但无法获得收益，还须付保管费；存在银行中的资产会随时间减少，利率就可称为"负"。在经济衰退的时候，央行通常会以降低利率来刺激经济增长。但是直到 20 世纪后期为止，一般都认为利率不可能会低于零。因为传统观念认为一旦发生负利率，商业银行为避免为存款付出"保管费"，就会马上从央行提出所有准备金，利率将失去意义。

21世纪以来，欧洲、日本等经济体由于通货紧缩问题日益严重，传统货币政策已无法改善经济状况，再加上货币升值对于出口不利的隐忧，负利率政策逐渐成为政府促进经济的手段。其背后的逻辑为：在经济低迷的环境下，商业银行可能会有存准备金于央行或是以低利率贷出两种选择，此时如果央行对存款实施负利率，则商业银行就会失去在央行存钱的动机，倾向将贷款贷给民间，如此民间产能就能增加，还有机会解决国内的通货紧缩压力。负利率政策和传统宽松货币政策的概念不同，后者是降低利率以提升总需求，但负利率是央行政策下的产物，其政策主轴是要求商业银行调整自身的资产负债表，变相"惩罚"商业银行储存过多的准备金在央行的行为，以促进商业银行多进行放款，提升长期投资，刺激经济。

53 什么是前瞻性指引？

前瞻性指引是各国央行通过引导市场对未来利率的预期，使市场预期与央行目标预期靠拢的现代货币政策工具。货币政策中的"前瞻指引"意味着提供有关未来政策设置的一些信息。关于政策利率未来路径的沟通被称为"前瞻性指引"。这是央行通过公开表达自己对经济状况以及未来可能采取的货币政策方针的想法来实现的。

前瞻性指引由美联储推广，主要体现在美国联邦公开市场委员会于21世纪初开始在其会后声明中使用前瞻性指引。在2004年6月提高联邦基金利率目标之前，联邦公开市场委员会在其会后声明的表达中进行了一系列措辞调整，以表明其正准备适当收紧货币政策。在大衰退期间，联邦公开市场委员会将其联邦基金利率目标降低至接近于零，然后通过传达前瞻性指引，表示将在经济复苏所需的时间内保持低利率。如今，很多中央银行都这样做，例如欧洲中央银行（ECB）、日本银行（BoJ）、英格兰银行（BoE）、加拿大银行（BoC）、澳大利亚储备银行（RBA）、新西兰央行（RBNZ）和瑞士国家银行（SNB）。

前瞻性指引可以采取不同的形式。目前主要包括开放式、日期相关和国家相关三种形式。例如，央行可能会宣布"预计利率将在较长时期内保持低位"，"预计利率至少在明年秋季将保持在目前水平"，"至少只要失业率保持在5.5%以上，预计当前政策是适当的"。

54 如何理解我国的结构性货币政策工具？

我国的结构性货币政策工具是中国人民银行引导金融机构信贷投向，发挥精准滴灌、杠杆撬动作用的工具，一般通过提供再贷款或资金激励的方式，支持金融机构加大对特定领域和行业的信贷投放，降低企业融资成本。

结构性货币政策工具兼具总量和结构双重功能。一方面，结构性货币政策工具建立激励相容机制，将中国人民银行资金与金融机构对特定领域和行业的信贷投放挂钩，发挥精准滴灌实体经济的独特优势；另一方面，结构性货币政策工具具有基础货币投放功能，有助于保持银行体系流动性合理充裕，支持信贷平稳增长。

我国目前存续的结构性货币政策工具可从以下三个维度划分。

一是长期性工具和阶段性工具。长期性工具主要服务于普惠金融长效机制建设，包括支农支小再贷款和再贴现。阶段性工具有明确的实施期限或退出安排，除支农支小再贷款和再贴现之外的其他结构性货币政策工具均为阶段性工具。

二是总行管理的工具和分支行管理的工具。中国人民银行总行管理的主要是阶段性工具，特点是面向全国性金融机构、"快进快出"，确保政策高效落地、及时退出。阶段性工具中除普惠小微贷款支持工具之外均为总行管理的工具。分支行管理的主要是长期性工具，如支农支小再贷款和再贴现；也有阶段性工具，如普惠小微贷款支持工具，特点是面向地方法人金融机构，确保政策贴近基层和普惠性。

三是提供再贷款资金的工具和提供激励资金的工具。提供再贷款资金的工具要求金融机构先对特定领域和行业提供信贷支持，中国人民银行再根据金融机构信贷发放量的一定比例予以再贷款资金支持，结构性货币政策工具中除普惠小微贷款支持工具之外均采取这一模式。提供激励资金的工具要求金融机构持续对特定领域和行业提供信贷支持，中国人民银行再根据金融机构的信贷余额增量的一定比例予以激励资金，目前普惠小微贷款支持工具采取这一模式。

四 | 货币政策工具的选择和使用

55 **选择货币政策工具的标准是什么?**

货币政策工具的选择是制定货币政策的关键性步骤。适宜的货币政策工具一般要符合可控性、可测性、相关性、抗干扰性和适应性五个原则。

可控性指中央银行可以通过运用货币政策工具,直接和间接地控制和影响其目标变动状况和趋势。表明接受货币政策影响力的速度比货币政策最终目标的变动要快,中央银行有足够的控制力顺利地实现货币政策工具的预期值。可测性指货币政策工具有明确而合理的内涵和外延,能迅速收集有关数据进行定量分析。中央银行能够迅速获得货币政策标的准确完整的数据资料,并能对这些资料数据进行有效的分析和判断。相关性指选定的货币政策工具的预期值与最终目标之间有稳定、较高的统计相关度。抗干扰性指这些工具受其他非货币政策因素的干扰度较低。适应性

146

指选定的货币政策工具要适应本国的社会经济、金融体制和当时
金融市场金融产品等实际状况。

56 美国、欧洲、日本央行如何选择和使用货币政策工具？

    美联储执行货币政策的工具主要有三个，分别是公开市场操作、贴现窗口政策和存款准备金政策。有关货币政策的决定是在联邦公开市场委员会的会议上作出的。在经济繁荣稳定的正常时期，美联储通过三大传统货币政策工具管理市场的流动性。危机期间，美联储则通过丰富货币政策工具箱，为不同的市场主体提供流动性。2008年国际金融危机爆发后，美联储创新性地开拓了如定期拍卖工具（TAF）、固定期限贴现窗口计划（TDWP）、一级交易商信贷机制（PDCF）、定期证券借贷工具（TSLF）、商业票据借贷便利（CPFF）、货币市场基金流动性便利（MMLF）、资产支持证券贷款工具（TALF）等货币政策工具，为海外央行、一级交易商、存款性金融机构、货币市场基金以及企业和法人提供流动性。在新冠疫情期间，美联储又引入新的工具，如国际回购便利（FIMA）、一级市场公司信贷便利（PMCCF）、二级市场公司信贷工具（SMCCF），以及市政流动性便利（MLF）等。

欧洲中央银行拥有一系列可以任意使用且内部配合较好的货币政策操作工具，长期以来，欧洲央行在非传统政策工具方面进行了多种尝试，如通过前瞻指导和资产购买来帮助解决货币传导中的一系列问题，并致力于加强金融稳定。但同利率目标制下的方法相比，欧洲央行使用货币政策工具的方式存在以下缺陷：一方面，整个操作过程并不是非常透明。欧洲央行的工具库中包括了过多的操作工具。除了上面提到的主要操作工具外，还使用所谓的微调政策和结构性操作（如外汇互换、定期存款托收、现券交易、发行债务凭证），这些操作工具大部分是在债券回购还未发展成当今重要的、成熟的操作工具以及存款便利出现之前设计的。另一方面，法定存款准备金政策对于控制 1 月期和 3 月期的货币市场利率并不是必要的。中央银行能够将隔夜市场利率保持在由边际借贷利率和存款便利利率设定的 2% 的区间内就足够，隔夜市场利率的短期波动与非常稳定的 1 月期或 3 月期货币市场利率并不是不相容的。

日本央行的操作程序类似于美联储。它的政策利率是无抵押的隔夜活期贷款利率（一种银行间隔夜拆借利率），同样将市场利率作为操作目标。在过去的很多年里，日本央行的所有短期利率都趋近于零，这一货币政策实施明显不同于其他中央银行。所谓的"零利率政策"在 1999 年 2 月 12 日被采用，当时确定的政策方针强调"日本央行会灵活地提供丰富的资金，并鼓励无抵押的隔夜利率尽可能地低"，这导致隔夜利率在 0.02%—0.03%

的区间变化。尽管"零利率政策"于 2000 年 8 月 11 日由于选择
0.25％的目标利率作为隔夜货币市场利率而结束，但是分析不同
期限利率的短期波动是没有意义的。日本央行的工具箱包括法定
存款准备金和公开市场操作。日本央行也使用贴现工具，但是这
种贷款基于其自由裁量而不是自动根据银行需求的扩大而扩大
的。因此，常设融资便利在日本货币政策框架内并不起作用。尽
管法定准备金率比美国高，但这一制度本身并不能稳定货币市场
利率，这一现象也可解释为"自治因素的高度波动性"影响了货
币市场，也就是说，导致了银行票据、政府存款的变化和银行体
系的"浮动"(结算时间造成的流动性变化)。

 我国如何选择和使用货币政策工具?

考察中国货币政策工具的运用，必须立足中国的经济金融现
状。在我国现有的货币政策体系中，常用的货币政策工具主要包
括存款准备金制度、再贴现、公开市场操作、窗口指导等。

存款准备金制度。该制度建立于 1984 年，中国人民银行初
始设计该制度的思路是要集中控制必要的信贷资金，以便通过再
贷款形式控制信用规模及调整信用结构。为此，确定了极高的法

定准备金比率：企业存款准备率为 20%，储蓄存款为 40%，农村存款为 25%。1985 年，调整了思路，将准备金率调整为这几项存款和其他存款总额的 10%。1987 年、1988 年又将准备金率依次提高到 12%、13%，并在此后的 10 年内未再作变动。而且，在法定准备金率之上，又为商业银行规定了硬性的"备付金"比率，这实际是使总的准备金率提高。由于偏高的准备金率，使得商业银行可支配资金不足，反过来增强了它们对中国人民银行的强烈借款需求，而中国人民银行实际上也往往不得不满足这种需求。结果，存款准备金对控制银行机构的信用创造能力并不显著。1998 年 3 月，我国对上述制度进行了改革，将原来的准备金存款账户与备付金存款账户合并为一个账户，统称为准备金存款。2004 年 4 月，开始实行差别存款准备金制度，这是我国存款准备金制度的又一次重大改革。在综合考虑资本充足率和资产风险程度等因素的基础上，中国人民银行对不同金融机构规定了不同的法定存款准备金率。1984—2006 年，存款准备金率只做过次数不多的有升有降的调整。面对经济生活中严重的"流动性过剩"局面，中国人民银行从 2006 年 7 月开始对存款准备金率作出频繁调整。截至 2008 年 4 月，存款准备金率已连续上调了 16 次，其间仅 2007 年一年就上调了 10 次。准备金率则从 7.5% 升至 16% 的历史新高，由此可见宏观经济形势之严峻。2011 年起，央行存款准备金调控思路进一步调整，为了更有针对性地收放流动性、优化信贷结构、防范金融风险，中国人民银行对金融机构引入差别准备金动态调整机制，基于社会融资总量、银行信贷投放与社会经济主要发展目标的偏离程度等因素，考虑金融机构的系统重要性程度、各机构经营的稳健程度及执行国家信贷政策情况等，制定差别化的准备金调整机制。2019 年 5 月，我国开始实行"三档两优"存款准备金框架，对中小银行实行较低存款准备金率，增强服务县域中小银行的资金实力，降低中小微企业的融资成本，大力支持普惠金融，又兼顾防范金融风险，对金融机构的引导作用更明确。截至 2024 年 4 月，我国大型和中小型银行的法定存款准备金率分别调整至 10% 和 7%。

信用贷款，即再贷款。再贷款的"再"字是套用再贴现的"再"字而来的，它实际是指中国人民银行对商业银行等金融机构发放的贷款，而不是像把已经贴现的票据再次贴现那样把已有的贷款再贷一次。很长一段时间，再贷款在中国人民银行的资产中占有最大的比重，是我国基础货币吞吐的主要渠道和调节贷款流向的重要手段。在中央银行实施金融宏观调控中，特别是在其他货币政策工具的功能尚未得到应有发挥的条件下，通过再贷款调节信贷规模与结构，从而控制货币供应量，确实起到了重要的作用。但如前所述，由于存款准备金制度的扭曲，中央银行对再贷款工具的运用往往缺乏自主性，即不是出于实现宏观调控目标而仅仅是迫于商业银行资金需求的压力。1994 年以来，伴随外汇占款在中央银行资产中的比重大幅上升，再贷款的比重开始下降。同时，伴随着方方面面深化改革力度的加大，更多地发挥其他政策工具的作用成为既定方向。

再贴现业务。再贴现业务的开展始于 1986 年，但其在中国人民银行资产中的比重一直微不足道。多年来，中国人民银行从公布实施票据法到加大利率体制改革，从引导广泛开展票据承兑、贴现到倡导和推行票据结算等方面，均力求为再贴现的扩展创造条件。自 1994 年以来，虽然商业票据签发量以年均超过40％的增幅稳步发展，中国人民银行办理票据再贴现也曾有所增加，2000 年再贴现余额一度达到 1256 亿元的最高水平，但随后迅速下降至非常低的水平上。2007 年，全国商业汇票累计签发5.87 万亿元，累计再贴现仅为 138.22 亿元。2014 年后，中国人民银行陆续推出一系列定向支持小微企业、民营企业以及"三农"发展的再贷款再贴现政策，逐步增加支农支小再贷款再贴现信贷额度。2020 年，为抗击新冠疫情、支持小微企业复工复产、稳定就业，中国人民银行对中小微企业信贷的再贷款、再贴现额度达 5000 亿元，同时下调支农支小再贷款利率 0.25 个百分点（至2.5％），2023 年增加支农支小再贷款、再贴现额度 2000 亿元，进一步加大对"三农"、小微和民营企业金融支持力度，体现了货币政策的灵活性。截至 2024 年 4 月，我国支农支小再贷款累计余额达 2.3 万亿元，有效支持了实体经济的发展。

公开市场操作。根据规定，中国人民银行为执行货币政策，可以在公开市场上买卖国债、其他政府债券、金融债券以及外汇。1994 年以前，由于尚不具备开展公开市场业务的条件，中国人民银行一直无法通过这一工具来吞吐基础货币、调节货币供应量。随着 1994 年外汇体制改革、汇率并轨的实施，中国人民银行开始进行外汇公开市场操作。而以国债为对象的公开市场业务于 1996 年 4 月正式启动。1999 年以后，公开市场业务逐渐成为中国人民银行货币政策日常操作的重要工具。目前，它在调节货币供应量和商业银行流动性水平及引导货币市场利率走势上发挥着积极的作用：第一，市场参与主体不断增多。公开市场业务一级交易商的数量已经从 1996 年的 14 家增至 2024 年 4 月的 51 家。第二，市场交易工具和品种日益丰富。当前，公开市场操作工具包括国债、中央银行票据、政策性金融债及外汇；而交易品种包括回购交易、现券交易等。第三，交易方式不断创新。公开市场操作的交易方式包括数量招标和利率招标两大类。中国人民银行可以根据市场状况，灵活选择交易方式。2006—2007年，面对"流动性过剩"比较严重，中国人民银行公开市场操作最引人瞩目的就是加大中央银行票据发行力度，在发行 1 年期以内票据为主的基础上，又重启了 3 年期中央银行票据的发行；并且多次对部分贷款增长较快且流动性充裕的商业银行实行定向发行，既有效收回了流动性，也对信贷增长较快的机构起到了警示作用。2007 年中国人民银行累计发行中央银行票据 4.07 万亿元；年末，中央银行票据余额为 3.49 万亿元，比年初增加 4600 亿元。2008 年后，随着外汇占款增长速度放缓，人民币公开市场业务从基础货币净回笼转变为基础货币净投放。2014 年以来，随着中期借贷便利（MLF）的出台，我国的公开市场操作逐步转为逆回购 +MLF 模式，灵活开展公开市场操作，保持流动性处于合理充裕水平。

利率。中国人民银行规定"基准利率"：一是中国人民银行对商业银行的贷款利率；二是商业银行对企业和个人的存贷款利率。一般推论，当中国人民银行提高对商业银行的贷款利率和再贴现率时，相应增加各商业银行的筹资成本，商业银行就会减少对中央银行的资金需求或提高其对企业单位和个人的贷款利率，资金市场的利率上升，资金需求减少，从而达到调节货币供应量的作用。但是如前文所述，要使这一机制发挥作用所要求的条件，是利率的变动能真实反映资金供求，以及融资成本的变动能够在很大程度上影响资金供求。就现阶段来看，这两个条件仍在发展培育的过程之中。

窗口指导。窗口指导是 1998 年"贷款规模控制"等工具停止使用以来，中国人民银行比较常用的一种调控手段。通过窗口指导引导商业银行以调整授信额度、调整信贷风险评级和风险溢价等方式，限制信贷资金向某些产业、行业及地区过度投放，体现扶优限劣原则。其主要目的是配合国家产业政策，加强对贷款投向的引导，优化贷款结构。比如，2007 年前后就曾多次通过窗口指导提示商业银行关注贷款过快增长可能产生的风险以及银行的资产负债期限错配问题，引导金融机构合理控制信贷投放总量和节奏，严格限制对高耗能、高排放和产能过剩行业中劣质企业的贷款投放；加大对"三农"、就业、助学、中小企业自主创新、节能环保等领域的信贷支持，积极拓展中间业务，加强金融产品创新，改进金融服务，转换营利模式。在我国现行体制下，窗口指导的作用还是比较明显的。

除上述工具外，中国人民银行还采取优惠利率政策、专项贷款、利息补贴和特种存款等办法，扶持国家急需发展的部门，如能源、交通、贸易等。这类选择性的货币政策工具，能够针对特殊情况灵活运用，但其直接行政决策的色彩过浓，对充分发挥信贷资金的运用效率也有不利的一面。

 货币政策工具和货币政策各个目标之间的关系是什么？

货币政策工具与货币政策各个目标之间的关系是复杂的，因为不同的工具可能会对不同的目标产生直接或间接的影响。货币政策的主要目标通常包括价格稳定、经济增长、充分就业和国际收支平衡。以下是货币政策工具与这些目标之间关系的一般性描述。

在价格稳定方面。价格稳定是许多中央银行的首要目标，通常通过控制通货膨胀率来实现。货币政策工具如利率调整、公开市场操作和存款准备金制度等,可以直接影响货币供应量和信贷条件,进而影响价格水平。例如,中央银行可以通过提高利率来抑制通货膨胀,因为较高的利率会增加借贷成本,从而减少消费和投资,降低总需求,进而抑制价格上涨。

在经济增长方面。中央银行可以通过降低利率来刺激经济增长,因为较低的利率可以降低借贷成本,促进企业和消费者的投资和消费。此外,通过调整货币政策工具,中央银行还可以影响汇率和资本流动,从而对出口和进口产生影响,进而影响经济增长。

在充分就业方面。中央银行可以通过不同货币政策工具影响总需求的投资、消费等环节,乃至经济增长,来实现充分就业的目标。当经济增长时,企业可能会增加生产和招聘,从而降低失业率。此外,货币政策还可以通过影响劳动力市场的需求来间接影响就业,例如宽松的货币政策下,低利率使得基础建设、房地产等投资项目更具吸引力,从而产生了更多的劳动力需求,使得就业率上升。中央银行还可以通过货币政策工具维护金融市场的稳定,有助于保持企业和消费者的信心,稳定的金融市场有利于投资和消费的持续增长,从而促进就业。

在国际收支平衡方面。国际收支平衡是指一个国家的出口和进口之间的平衡。货币政策可以通过影响汇率来影响国际收支。例如,中央银行可以通过购买或出售外汇来影响汇率水平,从而影响出口和进口的竞争力。此外,货币政策还可以通过影响国内经济状况来间接影响国际收支，例如，通过刺激经济增长来增加出口。

总之，货币政策工具与货币政策各个目标之间的关系是相互关联的。中央银行在选择和调整货币政策工具时，需要综合考虑这些目标之间的相互作用，以及货币政策工具对这些目标的直接和间接影响。同时，中央银行还需要考虑国内外的经济环境，以及其他政策领域（如财政政策）的影响，以确保货币政策的有效性和适应性。

篇 四

货币政策传导机制

货币政策传导机制的界定与实践

59 什么是货币政策的传导机制?

一定的货币政策工具,如何引起社会经济生活的某些变化,并最终实现预期的货币政策目标,就是所谓货币政策的传导机制。具体而言,货币政策传导机制指中央银行运用货币政策工具影响中间指标,进而最终实现既定政策目标的传导途径与作用机理。货币政策传导机制是指从运用货币政策到实现货币政策目标的过程,货币传导机制是否完善,直接影响货币政策的实施效果以及对经济的贡献。

货币政策从政策手段到操作目标,再到中间目标,最后到最终目标发挥作用的途径和传导过程的机能。货币政策分为制定和执行两个过程,制定过程从确定最终目标开始,依次确定中间目标、操作目标、政策手段。执行过程则正好相反,首先从执行政策手段开始,通过政策手段直接作用于操作目标,进而影响中间目标，从而达到实现货币政策最终目标的目的。在西方经济学中，货币政策的传导机制大致可分为四种途径，即利率传导机制、财富传导机制、信贷传导机制、风险承担传导机制。

货币政策传导机制的实现需要经过哪些环节？

货币政策传导机制一般要经过三个基本环节：一是从中央银行到商业银行等金融机构和金融市场。中央银行的货币政策工具操作，首先影响的是商业银行等金融机构的准备金、融资成本、信用能力和行为，以及金融市场上货币供给与需求的状况。二是从商业银行等金融机构和金融市场到企业、居民等非金融部门的各类经济行为主体。商业银行等金融机构根据中央银行的政策操作调整自己的行为，从而对各类经济行为主体的消费、投资等经济活动产生影响。三是从非金融部门经济行为主体到社会各经济变量，包括总支出量、总产出量、物价、就业等。

金融市场在整个货币的传导过程中发挥着极其重要的作用。首先，中央银行主要通过市场使用货币政策工具，商业银行等金融机构也是通过市场了解中央银行货币政策的调控意向；其次，企业、居民等非金融部门经济行为主体通过市场利率的变化，接受金融机构对资金供应的调节，进而影响投资与消费行为；最后，社会各经济变量的变化也通过市场反馈信息，影响中央银行、各金融机构的行为。

货币政策传导机制的有效性受到哪些具体因素的影响？

时滞。时滞是影响货币政策传导机制有效性的重要因素。如果货币政策收效快，那么货币当局就可根据期初的预测值，考察政策生效的状况，并对政策的取向和力度作必要的调整，从而使政策能够更好地实现预期的目标。假定政策的大部分效应要在较长的时间，比如两年后产生，而在这两年内，经济形势会发生很多变化，那就很难证明货币政策的预期效应是否实现。

货币流通速度。货币政策传导机制有效性的另一主要限制因素是货币流通速度。对于货币流通速度一个相当小的变动，如果政策制定者未能预料到或在估算这个变动幅度时出现偏差，都可能使货币政策效果受到严重影响，甚至有可能使本来正确的政策走向反面。假设，在预测的年度，国民生产总值将增长 20%；再假设，根据以前一些年份有关数据的实证规律，只要包括货币流通速度在内的其他条件不变，货币供给等比增加即可满足国民生产总值增长对货币的追加需求。如果货币流通速度在预测的期间加快了10%，不考虑其他条件的变化，货币供给则只需增加9.1%即可。如果货币当局没有预见到货币流通速度的变化，而是按流通速度没有多大变化的考虑决定增加货币供给20%，那么新增的货币供给量则将成为助长经济过热的因素。

但是，在实际生活中，对货币流通速度变动的估算，很难做到不发生误差。因为使之发生变动的因素太多。这当然也就限制了货币政策传导机制的有效性。

微观主体预期。对货币政策传导机制有效性高低构成挑战的另外一个因素是微观主体的预期。当一项货币政策提出时，微观经济行为主体会立即根据可能获得的各种信息预测政策的后果，从而很快地作出对策，而且极少有时滞。货币当局推出的政策，面对微观主体广泛采取的对消其作用的对策，可能归于无效。例如，政府拟采取长期的扩张政策，人们通过各种信息预期社会总需求会增加、物价会上涨，在这种情况下，工人会通过工会与雇主谈判，要求提高工资，企业预期工资成本的增大而不愿扩大经营，最后的结果是只有物价的上涨而没有产出的增长。鉴于微观主体的预期，似乎只有在货币政策的取向和力度没有或没有完全为公众知晓的情况下才能生效或达到预期效果。但是货币当局不可能长期不让社会知道它所要采取的政策；即使采取非常规的货币政策，不久之后也会落在人们的预期之内。若货币当局长期采取非常规的货币政策，则会导致微观经济主体作出错误判断，并使经济陷入混乱之中。但实际的情况是，公众的预测即使非常准确，实施对策即使很快，其效应的发挥也要有个过程。这就是说，货币政策仍可奏效，只是公众的预期行为会使其效应大打折扣。

除时滞、货币流通速度和微观主体预期等因素的影响外，货币政策传导机制的有效性也会受到其他外来的或体制的因素所影响。

一般说来，一项既定的货币政策出台后总要持续一段时间。在这段时间内，如果客观经济条件出现变化，而货币政策又难以作出相应的调整时，就可能出现货币政策效果下降甚至失效的情况。比如，在实施扩张性货币政策过程中，生产领域出现了生产要素的结构性短缺，这时纵然货币、资金的供给很充裕，由于瓶颈部门的制约，实际的生产也难以增长，扩张的目标即无从实现。再如，实施紧缩性货币政策以期改善市场供求对比状况，但在过程中出现了开工率过低、经济效益指标下滑过快等情况，这就是说，紧缩需求的同时，供给也减少了，改善供求对比的目标也不能实现。

政治因素对货币政策传导机制有效性的影响也是巨大的。由于任何一项货币政策方案的贯彻，都可能给不同群体、部门或地方的利益带来一定的影响，这些主体如果在自己利益受损时作出强烈的反应，就会形成一定的政治压力。当这些压力足够有力时，则会迫使货币政策进行调整。

货币政策决策的透明度对货币政策传导机制的作用发挥至关

重要。货币政策，其取向，是松是紧；其目标，如定位于物价，要求掌握在怎样的水平，如定位于多目标，如何相互协调；其工具，是利率，是准备率，还是公开市场操作；等等，对市场运作的方方面面均有影响，必然受到微观经济行为主体，政府、议会、社会各有关部门和团体，乃至外国和国际金融机构的密切关注。

从方针政策和决策准则来看，要求在决策者和广大公众之间高度沟通。如果决策过程不透明，就难以树立公众对货币当局的信任；如果没有必要的透明度使公众领会决策者的行为准则和意向，在胡乱猜测中所造成的紊乱必然会使经济付出代价。

62 畅通货币政策传导机制需要如何健全完善相关体系设施？

畅通货币政策传导机制健全完善相关体系设施，主要有两大任务需要完成：一是要对现有的信贷担保机构进行适当的改革与调整，二是要加快独立信用评估体系的建设。

一方面，对现有的信贷担保机构进行适当的改革与调整，需要运用税收杠杆调节商业银行信贷行为，为货币政策通畅传导提供宏观支持。商业银行基层分支机构多存少贷、只存不贷，甚至损害地方经济的行为，应该受到政策层面的约束。可以考虑运用税收减免杠杆对大银行分支机构片面的信贷行为进行调节，为货币政策发挥更大的作用创造条件。此外，需要为逐步实现以利率与资产价格为主要传导渠道创造条件，从改革开放和市场经济体制的长远目标看，中国未来货币政策传导机制应该以利率和资产价格渠道为主。当前，应积极为实现这一目标创造条件。

另一方面，加快独立信用评估体系的建设，需要加快市场体系建设。继续大力发展货币市场，增加货币市场主体，鼓励货币市场创新，建立货币市场做市商制度。大力发展票据市场，建立全国统一的国债市场。发展货币市场基金，形成完善的货币市场体系。稳步推进利率市场化，发挥货币市场利率的引导作用，逐步建立以中央银行利率为基础，以货币市场利率为中介，由市场供求决定金融机构存贷款利率水平的利率体系，完善利率调节机制。加快推进国有商业银行和国有企业改革，调整金融机构、企业和居民个人的资产结构，培育真正的市场活动主体，提高经济活动中的利率弹性和货币政策的有效性。

影子银行条件下，货币政策传导机制会发生哪些变化？

2007 年，美国著名投资机构太平洋投资管理公司（PIMCO）

董事麦考利（Paul McCulley）正式提出"影子银行"概念，认为非银行机构从事的在中央银行信用支持和监管之外的无存款保险保障的投融资活动是一种影子银行业务，并将其定义为"一整套被杠杆化的非银行投资渠道、载体与结构"。事实上，中国影子银行业务主要是指在信用、期限及流动性转换过程中，以商业银行信用为核心，以信托、同业理财等表外活动为主要形式，对货币创造过程产生影响的金融业务，银行理财是我国影子银行最主要的组成部分。事实上，影子银行的主要内容（至少在我国）以银行非保本理财为代表，属于资产受托管理业务，不应、实际也未计入表内存款（M_2），但二者之间却具有重要联系，这主要与监管套利有关。

一方面，目前银行理财虽然名义上是受托管理，但实际上类似存款的资金池运作，并按预期收益率进行刚性兑付；同时在理财资金运用上，也采取类似贷款的资产池运作模式，实质与表内贷款或表内其他资产扩张无异。在这一背景下，银行表外理财的扩张，实际等同于零准备金以及零资本约束下的货币扩张，等于降低了准备金率，增加了可运用的超额准备金，货币乘数必然上升。

另一方面，从表内看，近年来随着利率市场化和金融脱媒[1]

---

[1] 金融脱媒，简单来说是指资金供求双方直接进行交易，而不需要通过传统金融机构（如商业银行）作为中介的现象。

的发展，金融机构负债竞争日益激烈，越来越依赖同业存单和委外等同业资金市场融资，反映市场流动性头寸情况的超额准备金也会明显下降。

事实上，影子银行表外非保本理财资金相关的各类资管业务和金融创新发展迅速，资金在金融体系的循环链条越来越长，金融市场的流动性风险越来越大，中央银行也越来越难以有效控制广义货币供给量，致使货币数量与产出、通胀等最终目标的总量关系也越来越差。影子银行的表外理财扩张除了降低超额储备率、扩大货币乘数进而使货币供应量可控性越来越差外，还增大了央行利率调控的难度。突出表现在，包括非存款类金融机构交易在内的全货币市场利率波动明显上升，且与银行（存款类机构）利差显著扩大，明显超出正常情况下的两类机构的信用利差。如果考虑到两类机构交易主要是债券回购交易，融资风险主要看抵押品，则利差可能更为反常。

综上，影子银行产生壮大于紧缩性货币政策环境，客观上削弱了货币政策各类传导机制的有效性。从短期看，随着监管强化和货币政策稳健中性效应的显现，以银行表外理财为代表的监管套利将逐渐减少。尽管未来去杠杆过程中由于风险溢价的还原，二者利差仍可能扩大，但随着资产管理新规等监管新规的逐渐落实，以及货币政策传导机制稳健中性态势的持续，二者利差将随着非银机构投资杠杆的下降而收敛。从未来较长时期看，无论是金融创新和金融市场的发展，还是经济逐渐地实现高质量发展，

M_2 的可控性、可测性及与最终目标的相关性将继续下降，货币数量调控的有效性也会面临更大挑战。

 新中国成立以来我国货币政策传导机制是如何演变的?

我国货币政策的传导机制，经历了从直接传导向直接传导、间接传导的双重传导转变，并逐渐过渡到以间接传导为主的阶段。

一方面，新中国成立初期传统体制下的直接传导机制，同高度集中统一的计划管理体制相适应。国家在确定宏观经济目标（如经济增长速度、物价稳定和国际收支平衡）时，已经通过国民经济和社会发展计划将货币供应量、信贷总规模，乃至该项指标的产业分布和地区分布包括在内。因此，中央银行的综合信贷计划只是国民经济和社会发展计划的一个组成部分。中央银行的政策工具唯有信贷计划以及派生的现金收支计划，在执行计划时直接为实现宏观经济目标服务，这种机制完全采用行政命令的方式通过指令性指标运作。其特点是：第一，方式简单，时滞短，作用效应快；第二，信贷、现金计划从属于实物分配计划，中央银行无法主动对经济进行调控；第三，由于缺乏中间变量，政策缺乏灵活性，政策变动往往会给经济带来较大的波动；第四，企业对银行依赖性强，大大增加了企业资金链的脆弱性。

另一方面，改革开放以来双重传导机制正逐步成为主要的货币政策传导机制方向。至 1997 年，货币政策直接传导机制逐步削弱，间接传导机制逐步加强，但仍带有双重传导特点，即兼有直接传导和间接传导两套机制的政策工具和调控目标。

第一，间接传导的第一个环节是运用货币政策工具影响操作目标——同业拆借利率、超额准备金利率和基础货币。而信贷计划、贷款限额是直接型的货币政策工具，其影响直达中间目标贷款总规模和现金发行量。直接传导过程中没有操作目标，或许可以称季度、月度的贷款、现金指标是其操作目标。这个环节是调控各金融机构的贷款能力和金融市场的资金融通成本。

第二，操作目标的变动影响货币供应量、信用总量、市场利率。信用总量的可测性不强，还不太实用；我国实行管制利率，不存在市场利率，只有中央银行根据经济、金融形势变化来调整利率。这个环节是金融机构和金融市场、企业和居民在变化了的金融条件下作出反应，改变自己的货币供给和货币需求行为，从而影响到货币供应量的变动。

第三，货币供应量的变动影响最终目标的变动。改革之初，货币转化为存款和现金的路径比较透明，即贷款总量基本反映了货币供应量，只要调控了贷款就几乎得以对货币供给施加影响。但随着金融市场的发展和金融工具的创新，贷款与货币供给的相关性减弱，只控制贷款并不能完全调控住货币供应量，直接调控的效果减弱。然而，在货币政策间接调控货币供给的机制不完善时，并且，在经济过热、通货膨胀严重时，直接调控比间接调控的效果更好，所以我国也并没有马上放弃直接调控，逐步形成了双重调控的特点。

我国经济经历了高通胀后"软着陆"成功，商业银行推行资产负债比例管理，各级政府防范金融风险意识大大加强，取消贷款限额的条件基本成熟。1998年我国不失时机地取消了对商业银行的贷款限额，标志着我国货币政策传导机制从双重传导过渡到以间接传导为主。

然而，当前我国商业银行和企业的运行经营机制还不健全，所以货币政策传导效应也有待提高。只有真正按现代企业制度的要求加快商业银行和企业的改革步伐，使其对中央银行的货币政策传导反应灵敏，才能完善货币政策传导机制。

◆ 知识链接　西方对货币政策传导机制有效性的理论评价演变

西方市场经济国家用来干预经济生活的现代宏观经济政策，始于20世纪30年代凯恩斯主义的形成。凯恩斯否定了西方古典经济学派关于经济人是理性人的假设，否定了关于供给可以创造同等需求，以及市场机制本身即可实现充分就业的论点。他认为有效需求不足是必然的，因而必须由国家干预经济生活予以补足。至于国家所应采取的政策，他认为在当时应是财政政策，而不是货币政策——货币政策无力扭转过度萧条的局面。他认为，通过财政政策所实现的需求扩张，在达到充分就业以前，不会引起通货膨胀。被西方各国奉为圭臬的凯恩斯主义，在第二次世界大战后有了进一步的发展，就其政策主张来说，认为财政政策与货币政策两者的配合采用，有可能熨平资本主义的周期波动，消灭危机，并实现增长、就业和稳定诸目标的协调一致。

但是第二次世界大战后一些年代的实践说明，国家干预的结果却是经济增长与通货膨胀并存。在这样的背景下，出现了把这两者视为具有相互替代关系的菲利普斯曲线。对此前文已有介绍。到了 70 年代，又出现了"滞胀"的局面，即就业已不能用通货膨胀的代价来换取——通货膨胀存在的同时却是经济停滞和突出的失业问题。

货币学派反对凯恩斯学派关于国家干预经济生活的主张，认为国家的过多干预阻碍了市场自我调节机制作用的发挥，从而促成经济紊乱。就货币政策来说，凯恩斯学派主张实施"逆风向"调节的相机抉择的方针。货币学派认为，由于相机调节货币供给的金融政策在长期时滞之后才能生效，那么是否有效实际上难以确定。而且多变的金融政策还会加剧经济的波动。他们论证，货币需求函数的变动，从长期看是相当稳定的，因而其主张是保持货币供给按"规则"增长。

20世纪70年代批判凯恩斯主义的还有供给学派。他们同样强调充分发挥市场本身的调节作用，同时还重新确认供给决定需求这一古典原理，认为经济具有足够的能力购买它的全部产品。所以，他们主要的政策主张是通过降税等措施刺激投资和产出。由于不认为在需求方面应该采取什么行动，决定了他们的货币政策主张作用的领域十分单一。

随后，合理预期学派得到很大的发展。他们重新确认西方古典经济学关于经济生活中的主体是理性人的假设。所谓理性人是指他们都会尽力收集有关信息，进行合理的预测，并按效用最大化和利润最大化的原则做决策。他们认为，只有靠出乎微观主体的预料，宏观政策才能生效，但要使所有人长期"受骗"是不可能的。前面讲的微观主体预期对货币政策的对消作用，就是他们对宏观经济政策无效命题的注解。他们也强调市场机制的作用，反对相机抉择的政策主张，认为相机抉择只会造成政策不稳定的感觉并加剧波动。他们的货币政策主张与货币主义一样，强调政策的连续性，要求货币供给的增长应保持稳定。

　　自由资本主义时期的货币政策要求创造稳定的金融环境，以保证市场机制发挥作用；凯恩斯主义的货币政策要求主动通过金融工具逆风向地调节有效需求，并认为在与其他政策配合下可以克服经济波动；现代批判凯恩斯主义的各流派，则是在凯恩斯主义政策虽曾一度取得某种成功但也同样陷入困境的背景下，反对相机抉择的政策，主张货币政策稳定，并相信只有依靠市场机制才能走出困境。上述理论的演变提示我们，如何估量货币政策的总体效应，还是一个应该不断深入探索的课题。

货币政策传导机制的具体类型

65 什么是货币政策的利率传导机制？

　　传统的凯恩斯学派认为，货币供应量的增加是通过下面的途径来对总产出水平发挥作用的，即利率传导机制：

$$M \rightarrow r \rightarrow I \rightarrow Y$$

这里扩张性货币政策（M）导致了实际利率水平（r）的降低，这会降低筹资成本，进而引起计划投资（I）的增加，最终导致总需求和总产出水平（Y）的增加。

这一思路最初认为扩张性的货币政策发挥作用主要是通过企业对于计划投资的决策来实现；然而，对新的货币政策传导途径的研究发现，消费者对住房以及耐用消费品（如汽车和冰箱）的消费也具有计划投资的性质。因此，这一路径也同样适用于消费支出，在这种情况下 I 表示对住房和耐用消费品的消费。

利率传导机制的重要特点是，它强调实际利率水平而不是名义利率水平对消费支出和计划投资的影响。而且，在考虑对支出的作用时，我们通常采用长期利率而不是短期利率。中央银行改变短期名义利率的行为是如何使债券的短期和长期实际利率发生改变的？问题的关键在于价格黏性的存在。所谓价格黏性，是指总的价格水平的调整非常缓慢，因此当利用扩张性的货币政策降低短期名义利率水平时，实际利率水平也会随之降低。根据利率期限结构的预期假说，我们大致认为长期利率等于预期的未来短期利率的平均值。因此，短期实际利率水平的降低会导致长期实际利率水平的降低，实际利率水平的降低会导致企业固定资产投资、存货投资，以及消费者住房消费、耐用品消费的增加，而这一切又会导致总产出水平的提高。由于在现实中是实际利率而不是名义利率影响支出，因而即使是在通货紧缩时期，名义利率水平 i 接近于零，货币政策依然会通过一定的途径起到刺激经济的作用。当名义利率水平接近于零时，货币供应量的增加会提高预期价格水平 PE 和预期通货膨胀率 πE，因而会降低实际利率水平（r=i-πE），甚至当名义利率水平固定为零时，货币政策也可以通过下面的利率传导途径对总产出水平产生影响：

$$M \to PE \to \pi E \to r \to I \to Y$$

实际上，货币主义学派正是利用这种传导机制来解释为什么在大萧条时期美国经济并没有陷入"流动性陷阱"（如果陷入了"流动性陷阱"，货币供应量的增加就不能降低利率水平），以及如果在大萧条时期采取扩张性的货币政策，是否会避免总产出水平的急剧下降等问题。

66 什么是货币政策的财富传导机制？

要搞清楚货币政策的财富传导机制，首先需要了解资本市场在现代经济中具有的资源配置、价格发现等重要作用，及其稳定发展对宏观经济的重要意义。由于货币政策操作对资金供给、市场利率产生影响，那就必然影响资本市场的价格，并通过资本市场影响其他的微观经济行为，诸如民间投资、消费等，最后则会在产出和通货膨胀等方面表现其宏观经济效应。货币当局应对资本市场的运行负有干预的责任，即当资本市场上资产价格下滑时，应采取降低利率、扩张信用等措施，以阻止下滑；当资本市场上资产价格过高时，应采取提高利率、紧缩信用等措施，以防止过热。

事实上，货币政策对资本市场确实有影响。比如，长期利率与股市存在相关关系；资本市场的资产价格也可能隐含着公众对未来通货膨胀的预期。现实中，资产价格至少可以作为中央银行在货币政策决策和操作过程中的监测指标之一。实际上，货币当局对之也十分关注。但种种不确定性，难以在决策过程中建立确定性的数量制约关系。

至于在非常情况之下，中央银行通常会毫不迟疑地采取紧急措施，提供充足的流动性，以保证资本市场不至陷入崩盘境地。但是，这并不意味中央银行在一般情况下也应积极干预资本市场。资本市场的财富效应及其对产出的影响可用下式表示：

$$PE \rightarrow W \rightarrow C \rightarrow Y$$

式中，W 为财富；C 为消费。

对于这样的效应传递，是得到普遍认同的。而且随着资本市场作用的迅速增强，这一传导机制无疑会发挥越来越大的作用。要把它确定为货币政策的传导机制，如下过程的确定性需得到论证：

$$M \rightarrow PE \text{ 或 } M \rightarrow r \rightarrow PE$$

货币供给和利率会作用于资本市场是没有疑问的；但是，货币当局通过对货币供给和利率的操作，有可能以怎样程度的确定性取得调节资本市场行情特别是股票价格的效果，还有待进一步考察。如果增加前提限定条件，这里的消费指的是对非耐用品和服务的消费，它与消费支出不同，因为后者还包括对耐用品的消费。那么，将二者统一考察，就是消费者在一生中平均安排消费支出，决定消费的是消费者一生中可利用的资源，而不是今天的收入。在消费者可利用的资源中最为重要的一个是消费者的金融财富（金融资产），主要由普通股股票构成。当股票的价格升高时，消费者的金融财富升值，因此可用于消费的总资产增加，消费随之增加。假设当扩张性的货币政策引起了股票价格的升高，这一传导机制的过程就可以描述如下：

$$M\ (\rightarrow r \rightarrow)\ PE \rightarrow W \rightarrow C \rightarrow Y$$

67　什么是货币政策的信贷传导机制？

信贷传导机制理论的发展较晚，强调信贷传导有其独立性，不能由类如利率传导、货币数量传导的分析所代替，需专门考察。信贷传导主要依托于商业银行及其资产负债活动发挥作用。

对于银行传导作用，首先要明确的是，银行贷款不能全然由其他融资形式（如资本市场的有价证券发行）所替代。特定类型的借款人，如小企业和普通消费者，它们的融资需求只能通过银行贷款来满足。如果中央银行能够通过货币政策操作影响贷款的供给，那么，就能通过影响银行贷款的增减变化影响总支出。

假设中央银行决定实施紧缩性的货币政策，售出债券，商业银行可用的准备金 R 将相应减少，存款货币 D 的创造相应减少，其他条件不变，银行贷款 L 的供给也不得不同时削减。结果，致使那些依赖银行贷款融资的特定借款人必须削减投资和消费，于是总支出下降。过程可以描述如下：

$$公开市场的紧缩操作 \rightarrow R \rightarrow D \rightarrow L \rightarrow I \rightarrow Y$$

式中，I 为总投资；Y 为总产出。该过程的特点是不必通过利率机制。而且商业银行的行为绝不仅仅体现利率的支配作用。还存在对于不同的经济周期自发调节其信贷规模的行为。比如，在经济顺畅发展之际，银行不太顾虑还款违约的风险而过分扩大贷款；在经济趋冷时，则会过分收缩贷款。如果判断货币当局有紧缩的意向，商业银行会先行紧缩贷款。要是货币当局采取直接限制商业银行贷款扩张幅度的措施，商业银行有可能不仅不利用允许的扩张幅度，而且会立即自行紧缩。这就是说，商业银行所提供的信用数量并不一定受中央银行行为的制约，有时候会主动地改变其信用规模。对于商业银行自我控制贷款供给的行为有一个专门名词，叫作信贷配给（Credit Rationing）。

银行信贷传导的论述，在西方，是较新的理论。在我国，这样的传导机制却并不陌生。

资产负债表变化在信贷传导中非常重要。20 世纪 90 年代，有的经济学家，从货币供给变动对借款人资产负债状况的影响角度来分析信用传导机制。他们认为，货币供给量的减少和利率的上升，将影响借款人的资产状况，特别是现金流的状况。利率的上升直接导致利息等费用支出的增加，从而会减少净现金流；同时又间接导致销售收入的下降，这同样会减少净现金流。利率的上升将导致股价的下跌，从而恶化持股人资产状况，并且也使可用作借款担保品的价值缩小。这种情况使贷款的逆向选择和道德风险问题趋于严重，并促使银行减少贷款投放。一部分资产状况恶化和资信状况不佳的借款人不仅不易获得银行贷款，也难以从金融市场直接融资。结果则会导致投资与产出的下降。

$$M \rightarrow r \rightarrow PE \rightarrow NCF \rightarrow H \rightarrow L \rightarrow I \rightarrow Y$$

式中，PE 为股票价格；NCF 为净现金流；H 为逆向选择和道德风险；其他字母含义同前文。

68 什么是货币政策的银行风险承担传导机制？

货币政策的银行风险承担渠道，是指货币政策松紧的变化影响银行的风险偏好及承受程度，使银行会调整其资产负债结构以及信贷业务、表外活动等经营行为。或者说，这一渠道，取决于银行能否在一定条件下承担相应风险，且其通过改变业务及资产负债结构，来调节自身可接受的风险承担能力。

货币政策传导的银行风险承担机制与利率传导、财富传导以及信贷传导等机制的不同，主要表现在以下几个方面。

第一，中间目标不同。传统渠道是通过利率、进出口额及资产价格变化来影响实际产出，对经济社会信贷规模没有直接影响。而银行风险承担渠道以自身的业务调整等风险承担行为作为中间目标。只有商业银行风险承担水平根据宏观经济情况与政策条件调节至合理区间，才能维持银行业稳定发展，避免金融风险，助力实体经济发展。

第二，前提不同。传统渠道均假定银行是风险中性的，而银行风险承担渠道理论认为银行风险非中性。那么在传统渠道传导过程中银行风险承担意愿不会改变，因此在银行风险承担渠道传导的过程中，传统渠道对实证研究没有影响。

第三，影响层面不同。传统渠道着眼于宏观经济层面的影响，更加关注其影响机制和最终结果，而银行风险承担渠道除了通过信贷影响实际经济产出外，还通过调节自身风险承担水平来影响金融体系稳定。

当前我国货币政策传导机制链条的主要梗阻在哪里？

　　我国传统的货币政策工具和结构性政策工具在传导过程中依然面临不同程度的老梗阻，同时也面临外部环境剧烈变化下的新挑战。

　　第一，数量型和价格型传导均存在一定程度的梗阻。从总量视角看，央行投放的流动性在多个传导环节面临梗阻。资金从央行到实体经济的传导主要涉及流动性、资本、监管考核、授信模式、问责机制、有效贷款需求六大环节，目前除了流动性的提供外，其他环节都面临较为严重的梗阻。从价格视角看，政策利率对贷款利率的传导基本通畅，对存款利率的传导存在梗阻。央行政策利率首先传导至货币市场利率，进而通过债券收益率和银行同业融资成本来影响贷款定价。目前，这两条渠道基本畅通，但债券与贷款之间的替代效应存在3—6个月的时滞。值得关注的是，政策利率通过货币市场利率对存款利率的传导并不显著，这涉及在原有"金融抑制"和存款利率低于均衡水平下如何推进利率市场化等深层次问题。

　　第二，结构性货币政策工具在定向调节上已取得一定成效，但仍需进一步优化。在不同外生冲击下，与常规货币政策相比，结构性货币政策表现出更优的调控效果，尽管调控效果存在时滞，但在引导小微企业信贷资源方面表现突出，更能有效促进产业结构升级和经济稳定。其中，价格型结构性货币政策的调控效果更优。不过，过度使用定向调节会弱化市场在配置资源中的作用，造成资源配置失衡和市场功能扭曲。

第三，从全球视角来看，货币政策传导机制面临一系列新现象和新挑战。首先，2008 年国际金融危机之后主要发达经济体落入"低利率、低增长、低通胀、高债务、高风险"陷阱，货币政策触及零下界甚至负区间，新增刺激不仅难以带动有效投资，还将导致无效的债务扩张、僵尸企业增加和全社会生产效率的下降。其次，随着央行资产负债表不断扩张，货币政策边际效率递减，带来货币政策与财政政策的协调需求。现代货币理论极力主张财政赤字货币化，但过度依赖政府投资将降低经济效率，固化结构扭曲。然后，不管是影子银行等金融乱象，还是资本市场、货币基金、网络平台和数字货币等各类金融创新的蓬勃发展，均提高了货币乘数、降低了超储率，也造成中间目标（如 M_2）与最终目标（如产出、通胀等）的相关性不断下降，难以形成有效调控。最后，经济全球化的日益深化导致一国货币政策将通过汇率、利率、银行信贷、贸易等渠道对他国产生溢出和回溢影响。各国央行难以脱离国际环境去孤立地考虑本国货币政策。

货币传导的有效性不仅取决于货币政策本身，也受货币政策发挥作用的环境影响。对于货币传导不畅、资金流向扭曲等问题，应该结合制度性、结构性、行为性和周期性等制约因素的深层次影响予以解决。

第一，货币传导仍然面临一定程度的制度障碍。首先，货币政策目标体系不够清晰。我国货币政策面临的约束条件较为复杂，以物价稳定为主的多目标制具有一定的合理性，但多目标难免相互干扰，价格目标很容易受到其他目标和政策的制约。其次，货币政策决策和执行的制度安排仍待厘清。针对结构性调控、金融稳定等问题，各相关部门之间的目标、职能和考核机制亟待梳理。最后，监管的有效性亟待提高。我国现有银行考核标准中有些甚至相较于巴塞尔协议Ⅲ更为严格，一定程度上提高了银行的合规成本，影响了监管的有效性。

第二，当前的金融结构难以满足利率传导和结构性调控的要求。首先，金融市场深度不足。货币市场对存款利率传导不显著，原因在于原有的"金融抑制"并未完全消除。同时，在存款利率低于均衡水平的背景下，利率市场化的推进存在困难。其根本原因在于缺乏足够健全、透明和高效的金融市场和丰富的金融产品，银行等市场主体的资金定价能力受到制约。其次，融资结构难以满足实体需求。我国金融供给结构以间接融资和银行主导为特征，民间资本和企业积累相对偏少，股权性资金占比较低，针对部分行业和对象的金融供给不充分，支持结构性货币调控的市场基础不足。

第三，货币有效传导的微观基础仍然薄弱。首先，公司治理缺位。许多商业银行和企业都缺乏合理的治理机制，导致实践中出现道德风险和信用风险等，包商银行就是典型案例。其次，在信贷分配中，民营企业在融资规模成本和担保抵押等方面往往处于弱势。最后，实体投资回报率较低，从终端抑制货币传导的有效性。近年来，我国实体投资回报率较低，企业缺乏投资动机，即使资金流入实体企业，也难以提振实体经济。

第四，从宏观经济的周期性因素来看，经济下行对信用创造和宏观调控造成不利影响。首先，周期性因素通过预期渠道影响信用创造。经济下行期，企业出于对投资收益的悲观预期，信贷需求下降。近年来，企业资产负债表面临收缩压力，加之经济增长动力不足，尽管银行流动性较为充裕，但商业信用（应收账款）与短期贷款之比下降较快，企业更多转向非信贷的内部融资，贷款供求关系从供给不足转向需求不足。其次，周期性因素对宏观审慎监管造成非对称影响。经济上行期，监管部门比较容易通过风险监管指标如增加资本、提高拨备要求等，达到逆周期调控目标。经济下行期，监管部门存在放松资本监管和风险要求的动机，以缓释金融部门流动性紧张；但伴随着风险不断增加和暴露，宏观审慎政策又不得不收紧，加剧调控难度。

70 全球宽松潮对货币政策传导机制产生了哪些实质性影响？

量化宽松对本国总需求产生影响，但是溢出后对国外总需求的影响不确定。如果量化宽松政策刺激了国外总需求，即被称为具有“富邻效应”；如果量化宽松政策降低了国外总需求，则被视为“以邻为壑”的工具。当然，这两个判断的前提都是量化宽松政策刺激了本国的总需求。然而，从对国内总需求的影响来看，通过量化宽松刺激本国经济在政策效果上同样具有不确定性。如果量化宽松政策刺激了本国总需求，而损害了外国总需求，可以认为量化宽松政策具有“单向以邻为壑”效应；如果量化宽松政策损害了外国总需求，同时并没有刺激本国总需求，反而也损害了本国总需求，则可以理解为量化宽松政策具有“双向以邻为壑”效应。

事实上，美国主导的量化宽松在初期给其他国家或经济体的产出都造成了明显的负面影响，同时，也给美国自身的产出带来了负面影响，持续时间为政策实施后的 6—11 个月。值得注意的是，这种量化宽松对其他国家或经济体产生的负面影响在持续时间和程度上均大于对美国自身产出的负面影响，也就是说，美国的基础货币供给冲击给其他国家或经济体带来了更为严重的产出损失。美国量化宽松货币政策在实施的初期，表现为一种"双向以邻为壑"的政策工具。而日本的量化宽松政策同样是一种"双向以邻为壑"的政策工具。

在开放经济条件下，一国的货币政策除了通过国内渠道产生影响以外，还会通过各种国际渠道产生影响。货币政策会通过利率渠道、贸易产出渠道、股票市场渠道和资产价格渠道等对外产生影响。

利率渠道。当外国采取降低利率的宽松货币政策时，本国和外国的利差会发生变化，本国的利率水平相对较高，外国的利率水平相对较低，由于国际资本的逐利性，国际资本会由利率水平较低的外国流入利率水平较高的本国。不管是资本的大量流入还是大量流出，都会造成本国经济的动荡，不利于本国经济的发展，因此本国会被迫调整货币政策，防止本国和外国形成较大的利差。

贸易产出渠道。在全球经济一体化的背景下，当两个国家是贸易相关国时，外国采取宽松的货币政策增加货币供给，会导致利率水平的下降和投资支出的增加，最终会使该国货币趋向于贬值，净出口增加，刺激该国经济的发展。但是与此同时，贸易伙伴国货币有升值压力，净出口减少，从而令贸易伙伴国经济受到不利影响。因此，采用浮动汇率制度的开放大国采取的货币政策会通过贸易产出渠道影响贸易相关国的经济状况。

股票市场渠道。不同国家的股票市场联动机制可能存在两个方向：一是实体经济相关论，二是市场传染论。如果不同国家间存在共同的经济基础变量，则它们在影响一国股票市场的同时，也会对另一个国家的股市产生影响，共同的经济变量使得在出现局部或全球性的经济冲击下，国家的股票市场会表现出一致变动。当一个国家或地区的股票市场遇见负面冲击或者出现负面效应时，会产生一定的负面影响，这些负面影响会在整个国际市场中传播，最终影响其他国家或地区的股票市场，产生一定的关联效应。

资产价格渠道或汇率渠道。当外国实施宽松的货币政策时，外国从本国进口的商品的数量上升，价格也相对上升。由于外国进口商品同国内同类商品的比价关系即汇率的存在，最终使得国内同类商品价格与进口商品价格趋同，随着进口商品价格的上升，最终引起本国国内消费价格水平的上升。国外的货币政策会通过这样的机制影响本国的价格水平。

> **知识链接**　**什么是蒙代尔—弗莱明模型？**

20世纪60年代，罗伯特·A.蒙代尔（Robert A. Mundell）和 J. 马库斯·弗莱明（J. Marcus Flemins）提出了开放经济条件下的蒙代尔—弗莱明模型（Mundell-Fleming Model），即通常所说的经典 M-F 模型。该模型扩展了对外开放经济条件下不同政策效应的分析，说明了资本是否自由流动以及不同的汇率制度对一国宏观经济的影响。其目的是要证明固定汇率制度下的"米德冲突"可以得到解决。

模型的基本假设。一方面，在固定汇率制下，资本完全流动的条件使得货币政策无力影响收入水平，只能影响储备水平；而财政政策在影响收入方面则变得更有效力，因为它所造成的资本流入增加了货币供给量，从而避免了利率上升对收入增长的负作用。另一方面，在引入浮动汇率制后，第一，无论在哪种资本流动性假设下，货币政策在提高收入方面都比固定汇率制下更加有效。第二，在资本完全不流动的情形下，浮动汇率下收入的增长大于固定汇率下的收入增量；在有限资本流动性的情形下，财政政策的扩张性影响仍然有效，但是收入的增长幅度小于固定汇率制下的情形；在资本具有完全流动性的情形下，财政政策对于刺激收入增长是无能为力的。

模型的适用范围。蒙代尔认为，要对蒙代尔—弗莱明模型的应用有所限定，模型的结论并非不可避免，它们并不适用于所有国家。蒙代尔—弗莱明模型应用最好的三个国家：美国、日本和德国，它们拥有强大的货币，以及发达的资本市场。它们实施财政扩张时的各种条件，都能够保持货币供给稳定。很少有发展中国家（如果有的话）适合同样的结论。原因之一是：发展中国家实施财政扩张时，通常都伴随着银根放松和外部投机资本对本国货币的冲击。对于许多发展中国家来说，货币政策和财政政策效果差别不明显。因为这些国家没有以本国货币交易的发达资本市场；紧跟财政赤字之后，很快就出现货币扩张。同时，蒙代尔也不建议用蒙代尔—弗莱明式的国际宏观经济模型来分析发展中国家的经济问题。

蒙代尔—弗莱明模型的基本结论如下：第一，货币政策与财政政策影响总收入的效力取决于汇率制度。第二，货币政策在固定汇率下对刺激经济毫无效果，在浮动汇率下则效果显著。第三，财政政策在固定汇率下对刺激经济效果显著，在浮动汇率下则效果甚微或毫无效果。第四，蒙代尔在后来的一篇文章《资本流动和国家相对大小》中将数学模型适用范围推广到世界经济中规模不同的经济体。第五，当模型扩展至世界经济时，在固定汇率下货币政策的效果并没有完全丧失，相反，货币政策效果传递到国外；也证明了在浮动汇率下（以及资本完全流动）财政政策效果并没有丧失，而是传递到世界其他地区。

蒙代尔—弗莱明模型的缺陷如下：第一，它遗漏了关于国际资本市场中存量均衡的讨论，在模型中，蒙代尔认为国际资本流动是利率差别的唯一函数，因而只要存在利差，资本就会一贯地流动，从而弥补任何水平的经常项目不平衡，而在现实中各国间的利率差别普遍存在。第二，在外部均衡的标准上，蒙代尔特别强调资本账户，认为国际资本流动是利率差别的唯一函数，因此如果一国出现国际收支逆差，只能通过提高国内利率以吸引资本流入；但这既是挤出私人投资，又是依靠对外债台高筑取得外部均衡的政策。因此，无论是货币主义的以储备衡量的外部均衡标准——国际收支平衡，还是蒙代尔强调的资本账户的外部均衡标准都存在缺陷。第三，M-F模型没有考虑银行部门，也没有考虑汇率变化后的金融渠道，这可能导致其不再适用于现代金融部门主导下的经济分析。

篇　五

货币政策的效应及协调机制

货币政策的效应分析

 什么是货币政策效应及其时滞?

　　货币政策效应是指货币政策工具的运用如何影响中间变量，并最终实现既定政策目标，包括这种影响的传导机制和时效作用程度。任何政策从制定到获得主要的或全部的效果，必须经过一段时间，这段时间叫作"时滞"。货币政策在传导过程中不可避免地会遭遇时滞现象，这一时滞由相互关联的两部分组成：内部时滞与外部时滞。内部时滞，指的是从政策初步构思到货币当局实际执行之间的时间段。这一过程可以进一步细化为两个环节：首先是从经济环境变动产生对货币政策调整的需求，到货币当局意识到这种需求，这一阶段被称为认识时滞；其次是从货币当局形成行动意识到真正采取行动，这一阶段被称为行动时滞。内部时滞的长短受多种因素影响，包括货币当局对经济动态的敏锐洞察力、制定对策的速度，以及执行政策的决心等。外部时滞，亦被称为影响时滞，涵盖了从货币当局启动政策工具到这些行动最终作用于政策目标对象的整个过程。外部时滞的形成主要由外在的经济和金融环境所决定。值得注意的是，无论是货币供应量的调整还是利率的变动，它们的效应都不会瞬间显现于政策目标上。例如，企业在面对货币政策调整时，需要重新评估投资规模，制定新的经营计划，并逐步实施这些调整。这些步骤的逐一执行都需耗费一定时间。时滞对于货币政策的最终效果具有显著影响。若货币政策的效果能够迅速显现，货币当局便能基于初期预测值对政策效果进行实时评估，并据此对政策方向和力度进行适时调整，从而更加精准地实现政策目标。

货币政策效应和时滞是影响货币政策效果的重要因素。对于物价稳定，货币政策通过调节货币供应量和利率水平来影响物价水平。当物价上涨过快时，央行可以通过收紧货币政策来抑制通货膨胀；当物价下跌过快时，央行可以通过宽松货币政策来防止通货紧缩。然而，由于货币政策时滞的存在，政策调整对物价的影响可能存在一定的滞后性。对于产出增长，货币政策通过影响投资和消费等需求因素来影响产出增长。在经济增长过快、出现过热迹象时，央行可以通过提高利率等紧缩性货币政策来抑制过度投资和消费，防止经济过热；在经济增长放缓、出现衰退迹象时，央行可以通过降低利率等宽松性货币政策来刺激投资和消费，促进经济增长。同样，由于货币政策时滞的存在，政策调整对产出的影响也可能存在一定的滞后性。货币政策主要通过调节宏观经济环境来间接影响金融机构和金融市场的稳定。当金融市场出现过度投机、资产价格泡沫等风险时，央行可以通过提高利率、限制信贷等紧缩性货币政策来抑制金融风险；当金融市场出现流动性不足、信贷紧缩等问题时，央行可以通过降低利率、增加流动性等宽松性货币政策来化解金融风险。然而，由于金融市场和金融机构的复杂性和不确定性，货币政策对金融稳定的影响可能存在较大的不确定性和时滞性。

货币政策效应如何衡量？

衡量货币政策效应需要综合考虑多个方面。其中，两个核心要素尤为突出：效应发挥的速度和效力的大小。在评估效应发挥的速度时，时滞的长短成为评估货币政策效果快慢的关键指标；而在评估效力的大小时，则需要主要关注货币政策实施后的效果与预期目标之间的差距。以紧缩政策为例，若其旨在纠正由总需求大于总供给引起的通货膨胀，那么我们可以从以下几个方面来考察其有效性。

197

首先，当货币政策成功收紧了货币供给，进而平稳或降低了价格水平，同时未对产出或供给的增长产生负面影响时，我们可以认为这项紧缩政策具有有效性。其次，若货币供应量的减少在控制价格上涨的同时，也一定程度上抑制了产出的增长，那么我们需要权衡这两方面的变化。若产出减少在可接受范围内，而价格控制接近预期目标，仍可认为紧缩政策有效性较高；反之，若产出明显减少而价格控制不理想，则紧缩政策的有效性较低。最后，如果紧缩政策既未能控制价格上涨，又抑制了产出增长甚至导致负增长，那么可以判定该政策无效。

在现实生活中，宏观经济目标的实现往往有赖于多种政策如财政政策、宏观审慎政策等的配套进行。因此，在准确评估货币政策效果时，必须考虑其与其他政策的相互作用及影响程度。这无疑增加了分析的复杂性和挑战性。

什么是货币政策失效？有哪些具体的外在表现和内在原因？

货币政策失效是指货币政策无法有效地影响经济，实现预期的物价稳定和经济增长目标。货币政策失效有多种外在表现和内在原因。

外在表现。一是经济增长缓慢。尽管采取了宽松的货币政策，经济增长仍然缓慢，甚至出现衰退。二是通货膨胀失控。货币供应过多导致通货膨胀率上升，物价持续上涨，对经济造成负面影响。三是资产泡沫。过于宽松的货币政策导致资金流入股市、楼市等资产市场，形成泡沫，一旦泡沫破裂，会对经济造成严重冲击。四是国际贸易失衡。货币政策可能影响汇率，导致国际贸易失衡，引发贸易摩擦和争端。

内在原因。一是政策时滞。货币政策从制定到实施需要一定的时间，这段时间称为政策时滞。由于政策时滞的存在，货币政策可能无法及时影响经济。二是预期管理不当。如果央行无法准确地向市场传达其政策意图，市场可能会出现误判，从而影响货币政策的效果。三是信息不对称。央行和金融机构之间存在信息不对称，导致央行无法准确了解金融机构的风险状况和信贷需求，从而难以制定有效的货币政策。四是经济结构问题。货币政策无法解决经济结构问题，如产业结构不合理、区域发展不平衡等。这些问题可能导致货币政策效果不佳。五是政治干预。政治因素可能干扰货币政策的制定和实施，例如政府为了短期政治利益而干预货币政策。①

---

① 白暴力、白瑞雪：《价格总水平上涨的微观机制——货币政策失效》，《外国经济学说与中国研究报告》2012 年第 00 期。

74 货币政策的实施时机对效应有何影响？

　　货币政策的实施时机对其效应具有重要影响。以下是一些主要方面。

　　货币政策的实施时机与经济周期的阶段密切相关。在经济繁荣时期，实施紧缩的货币政策可以抑制通货膨胀和经济过热，防止泡沫产生；而在经济衰退时期，实施扩张的货币政策则可以刺激经济增长，缓解失业压力。因此，准确把握经济周期的阶段变化，对于选择合适的货币政策实施时机至关重要。

　　货币政策的实施时机也会受到市场预期的影响。如果市场预期货币政策将发生变化，那么实际政策效果可能会打折扣。例如，市场普遍预期央行将降低利率，但在实际操作时中央银行并未如期降低利率，那么市场可能会对此感到失望，导致货币政策效果不如预期。因此，央行在实施货币政策时需要考虑市场预期的因素，尽量保持政策的连续性和稳定性。

　　货币政策的实施时机还会受到国际经济环境的影响。在全球经济一体化的背景下，各国经济之间相互依存、相互影响。因此，央行在实施货币政策时需要关注国际经济环境的变化，特别是主要经济体的货币政策走向和汇率波动等因素，以避免政策冲突和不利影响。

　　货币政策的实施时机还与政策目标的优先级有关。央行在制定货币政策时需要权衡多个目标，如稳定物价、促进经济增长、保持国际收支平衡等。不同目标之间可能存在冲突，需要央行根据实际情况进行权衡和取舍。因此，在实施货币政策时，央行需要明确政策目标的优先级，以确保政策效果符合预期。

　　综上所述，货币政策的实施时机对其效应具有重要影响。央行需要准确把握经济周期的阶段变化，关注市场预期，考虑国际经济环境以及明确政策目标的优先级等因素，以确保货币政策的有效实施和达到预期效果。

75 中国特色稳健货币政策指什么？

　　中国特色稳健货币政策是中国特色社会主义经济理论的重要成果，是在宏观经济治理领域向世界提交的一份成绩优异的"中国答卷"。中国特色稳健货币政策的形成过程可以追溯到1984年，当时中国人民银行正式履行中央银行职责。在随后的几十年中，中国人民银行根据我国经济体制转变进程、经济运行状况与宏观调控需要，不断突破思想束缚，开拓理论创新，逐步形成了一套完备的中国特色稳健货币政策调控体系。这一体系的构建和理论基础的形成，是在中国共产党领导下，中国特色社会主义市场经济理论在宏观调控领域的重要体现和关键成果。中国特色稳健货币政策的主要特征在于"稳健"，具体包括以下几个方面："稳"体现着货币政策始终将稳定货币、稳定金融放在首位，始终盯住金融安全目标。"健"则体现出货币政策并不是一种消极的防御政策，而是在保证金融稳定与安全的前提下，通过调控货币供给的数量与结构，兼顾经济的适度增长。前瞻性和连续性的长期视角是稳健货币政策的重要内容，更是政策稳健实现的必然要求。连续性政策的制定以前瞻性指引为前提，前瞻性预期的实现又依赖于连续性政策的贯彻，二者构成了稳健货币政策的长期视角。

中国特色稳健货币政策的实践探索可以划分为三个阶段：尝试摸索阶段、实践探索阶段和"以稳为主"的完善发展阶段。在尝试摸索阶段（1984—1997 年），我国根据国内外经济形势的变化对货币政策进行相应调整，初步建立起以稳健为指导思想的中国特色货币政策调控体系。货币政策开始注重多元目标间的平衡，既注重总量控制，防止经济的大起大落，同时也注意解决经济中存在的结构性问题。在实践探索阶段（1998—2011 年），我国实施了一系列旨在扩大内需的货币调控政策，如放开商业银行贷款限额、逐步降低法定存款准备金率等。同时，也更加注重对一些深层次矛盾和问题的解决，以防扩大潜在的金融风险。稳健货币政策的必要性与重要性逐渐得到认同。在"以稳为主"的完善发展阶段（2012 年至今），我国经济的结构性问题显现，金融去杠杆成为主要目标之一。此时，数量型政策效果减弱，因其难以解决结构性问题且可能引发市场不稳定。因此，我国逐渐转向价格型货币政策，通过调整利率等影响借贷成本，以更灵活地调控经济。[1] 在本阶段，我国货币政策更加注重经济发展质量提升与经济结构优化。针对经济"脱实向虚"的结构失衡问题，央行创设了多种结构性货币政策工具，加大对中小微企业、"三农"等薄弱环节和科技创新等重点领域的扶持力度，引导金融更好地服务实体经济。此外，根据经济金融运行情况，按照总量适度、审慎灵活、定向支持的要求，适时适度预调微调。[2]

在实践中，中国特色稳健货币政策取得了显著成效。首先，它为我国经济平稳较快增长奠定了重要基础。在面临国际金融危机、新冠疫情等冲击时，稳健货币政策发挥了积极作用，为经济的稳定发展提供了保障。其次，稳健货币政策也是深化供给侧结构性改革、实现经济高质量发展的切实保障。通过优化信贷结构、推动利率市场化等措施，稳健货币政策有力地支持了实体经济的发展，推动了经济结构的优化升级。

---

[1] Kaiji Chen, Jue Ren and Tao Zha, "The Nexus of Monetary Policy and Shadow Banking in China", *American Economic Review*, Vol.108, No.12, 2018.

[2] 徐亚平、庄林：《中国特色稳健货币政策的实践探索及理论贡献》，《上海经济研究》2021 年第 7 期。

　　总的来说，中国特色稳健货币政策的实践探索及理论贡献是中国经济改革和发展的重要成果之一。这一政策体系的形成和发展，既符合我国国情，也符合国际经济金融发展的趋势，具有鲜明的时代特征和中国特色。在未来，随着国内外经济形势的变化，中国特色稳健货币政策仍需不断调整和完善，以更好地服务于我国经济的高质量发展。

货币政策与宏观审慎政策的协调机制

76　什么是宏观审慎政策？

　　宏观审慎政策是一种重要的经济调控手段，其核心目标是确保金融体系的稳定和金融市场的健康发展，以防范和减少金融危机的发生，其具有跨部门、跨行业、跨国界的特征，注重整体性和系统性。在实施政策、运用工具和建立处置机制时必须进行有效协调,这也正是构建宏观审慎政策框架的难题之一。政策协调涉及不同政策当局之间的合作与沟通,要求在权限架构、职责范围和作用机制等方面留出与其他政策原则和要求相衔接的更多空间。中央银行通常被认为具有与其他金融监管部门之间协调合作的天然优势,可以推动各部门对风险认识的一致性,从而降低政策制定和实施成本。

在经济发展进入新常态的背景下,党的十八届五中全会关于"十三五"规划的建议提出要改革并完善适应现代金融市场发展的金融监管框架,这为宏观审慎政策协调机制的建立明确了方向。其具体实施需要根据不同国家和地区的实际情况而定,但一般都需要遵循一些基本的原则和指导思想,如逆周期调节、全面覆盖风险、避免过度干预市场等。宏观审慎政策工具是多样化的,旨在从多个维度维护金融体系的稳定。表5-1列出了更多的宏观审慎政策工具。

表5-1 宏观审慎政策工具汇总

工具	概念
调整风险准备金比例	风险准备金是金融机构为应对潜在风险而储备的资金。通过调整这一比例,可以影响金融机构的抵御风险能力和信贷行为,进而维护金融稳定
调整杠杆水平	杠杆水平反映了金融机构通过借贷放大资本进行投资的程度。限制过高的杠杆水平可以降低金融机构的风险敞口,防止过度投机和过度借贷,从而维护金融市场的稳定

续表

工具	概念
对跨境资本流动征税	在开放经济条件下，跨境资本流动可能对国内金融市场造成冲击。通过对跨境资本流动征税，可以减缓这种冲击，稳定金融市场，防止短期投机性资本流动对金融稳定造成不利影响
对外债规模进行限制	外债是一国对非居民的债务。通过对外债规模进行限制，可以防止过度借贷导致的债务危机和货币危机，维护国家的金融安全和经济稳定
贷款价值比（LTV）限制	贷款价值比限制是指金融机构在发放贷款时，贷款金额与抵押物价值之间的比例上限。通过设定贷款价值比限制，可以控制借款人的杠杆水平，降低因抵押物价值下跌而引发的违约风险。这一工具在房地产市场调控中尤为重要，可以有效防止房地产泡沫的产生和破裂对金融体系的冲击
债务收入比（DTI）限制	债务收入比限制是指借款人的月债务还款额与其月收入之间的比例上限。通过限制债务收入比，可以确保借款人有足够的收入来偿还债务，避免过度借贷导致的违约风险。这一工具在消费信贷和住房按揭贷款中广泛应用，有助于维护个人和家庭的财务稳定
流动性覆盖率（LCR）要求	流动性覆盖率是指金融机构在压力情景下，其优质流动性资产与未来 30 天内的净现金流出之间的比率。通过设定流动覆盖率要求，可以确保金融机构在面临流动性压力时能够维持正常的运营和履行其支付义务

续表

工具	概念
动态拨备制度	动态拨备是指金融机构在赢利时期计提额外的拨备，用于弥补未来可能出现的损失。通过实施动态拨备制度，可以增强金融机构抵御经济周期波动的能力，平滑其赢利波动
系统重要性金融机构（SIFIs）监管	对于系统重要性金融机构，宏观审慎政策会施加更严格的监管要求，包括更高的资本充足率、流动性要求和风险管理标准等。这是因为这些机构在金融体系中扮演着关键角色，其稳健运营对于维护整个金融体系的稳定至关重要
跨境资本流动管理	在开放经济条件下，跨境资本流动可能对国内金融市场和汇率造成冲击。因此，宏观审慎政策还包括对跨境资本流动的管理工具，如实施外汇管制、征收跨境资本流动税或设置跨境资本流动限额等。这些措施旨在平衡国内外金融市场的发展和维护汇率稳定

　　总之，宏观审慎政策是维护金融稳定和促进经济发展的重要政策工具。为了实现其核心目标，需要建立有效的协调机制，以最大限度地减少信息成本和协调成本。通过与其他政策的协调配合，共同维护经济的稳定和发展。在未来的发展中，需要进一步探索和完善宏观审慎政策的协调机制，以更好地应对金融风险和维护金融稳定。

77 什么是我国的"双支柱"调控框架?

"双支柱"调控框架是我国金融调控中的重要组成部分,包括货币政策和宏观审慎政策两个支柱。货币政策主要关注稳定物价、经济增长、就业和国际收支平衡等宏观经济目标,通过调节货币供应量和利率等手段来实现这些目标;而宏观审慎政策则更加关注金融系统的稳定性和系统性风险,通过限制信贷过度增长、控制金融风险等手段来维护金融市场的稳定。"双支柱"调控框架的优势在于,货币政策和宏观审慎政策相互补充,可以更加全面地维护经济和金融市场的稳定。例如,当经济过热、通货膨胀压力增大时,货币政策可以通过提高利率等方式来抑制需求,稳定物价;而宏观审慎政策则可以通过加强对房地产市场、股票市场等的监管来防范金融风险。这一框架的提出,是我国金融调控理论和实践的重要创新,有助于提高我国金融调控的有效性和准确性,更好地应对经济和金融市场的变化。[1]

从"双支柱"调控政策的理论渊源来看,它主要涉及货币政策和宏观审慎政策在金融稳定方面的权衡与协调。早期的观点认

---

[1]   马新彬:《宏观审慎政策协调机制》,《中国金融》2016 年第 1 期。

为，价格稳定是货币政策的根本，而通货膨胀目标制是维持长期价格稳定的有效方式。金融变量只有在影响物价稳定时，才会被纳入货币政策考虑。然而，2008 年的国际金融危机让人们重新审视了价格稳定与金融稳定的关系。这场危机让人们认识到，价格稳和金融稳定定虽然各自有其独立的内涵，但它们之间又存在密切的关联。这一新的共识促使政策制定者必须在传统的货币政策基础上，引入新的政策工具以实现金融稳定的目标，从而催生出了宏观审慎政策。随着宏观审慎政策作为新的调控工具进入政策框架，如何与货币政策进行协调配合成为一个亟待研究的问题。而"双支柱"调控框架的核心思想就是在统一的政策框架下，强调货币政策和宏观审慎政策两大支柱之间的充分协调与配合。这样做的目的是更好地实现经济和金融的共同稳定。这一思路为政策制定者提供了一个全新的视角，有助于他们在复杂的经济环境中作出更加科学和有效的决策。①

　　总之，"双支柱"调控框架是我国经济调控的重要手段之一，通过货币政策和宏观审慎政策的配合，可以更加全面地维护经济和金融市场的稳定。

---

① 马勇、姜伊晴:《"双支柱"调控的研究进展:综述与评介》,《金融评论》2019 年第 6 期。

货币政策和宏观审慎政策有哪些差异？

　　"货币政策＋宏观审慎政策"的"双支柱"调控框架是中国金融改革发展工作的重要战略部署。这种框架的核心是将货币政策和宏观审慎政策同时纳入政策框架，通过强化二者之间的协调配合，更好地实现金融和实体经济的共同稳定。然而，宏观审慎政策和货币政策是两个不同的经济政策领域，在很多方面存在差异。

　　具体来说，二者在以下几个方面存在差异：一是目标导向。宏观审慎政策的重点在于维护金融稳定和防范系统性风险；而货币政策的主要目标是稳定物价、促进经济增长和就业。二是工具选择。宏观审慎政策工具主要针对金融体系和信贷市场，例如资本充足率要求、流动性要求、贷款额度限制等；而货币政策工具包括利率、货币供应量、存款准备金等，主要作用于整体经济和货币市场。三是调控方式。宏观审慎政策通常采用微观干预的方式，针对特定金融机构或特定市场进行调控，例如对房地产市场的贷款额度限制；而货币政策则采用总量调控的方式，通过影响整体经济和货币市场的资金供求关系来调控经济。四是决策机制。宏观审慎政策的决策通常由金融监管机构负责；而货币政策的决策则由中央银行负责。五是实施效果。宏观审慎政策的效果通常在短期内显现，例如控制信贷过快增长或房地产泡沫等；而货币政策的效果通常在长期内显现，例如影响经济增长和物价稳定等。六是实施主体。宏观审慎政策的实施主体通常是金融监管机构；而货币政策的实施主体通常是中央银行。七是作用范围。宏观审慎政策主要作用于金融市场和金融机构；而货币政策则作用于整个经济领域。

　　总之，宏观审慎政策和货币政策都是重要的经济调控工具，尽管宏观审慎政策和货币政策有明显的差异，但两者之间也存在密切的联系。在维护金融稳定和经济增长方面，两者需要相互协调、相互配合，才能实现更好的政策效果。

在"双支柱"调控框架下，货币政策应该如何与宏观审慎政策协调搭配？

　　在"双支柱"调控框架下，货币政策与宏观审慎政策的协调搭配是实现经济稳定的关键。根据学术文献和国际经验的梳理，货币政策与宏观审慎政策之间存在潜在的冲突和协调机制。为了实现经济稳定和金融稳定的目标，大部分情况下需要货币政策与宏观审慎政策反向操作，但有时也需要两者同向操作。

货币政策和宏观审慎政策之间关系复杂，主要体现在它们之间既有替代性，也有互补性（见表 5-2）。首先，货币政策与宏观审慎政策之间存在一定的替代性。这是因为两者都会通过影响金融机构（尤其是银行）的资产负债表来影响宏观经济和金融稳定。例如，放松货币政策（如降息）和放松宏观审慎政策（如放松银行资本充足率要求）都会刺激信贷供给，推动经济扩张。如果政策目标是扩张经济、提升通胀率，但由于某些原因不适合过度松动货币政策，可以通过放松宏观审慎政策来提升通胀（或产出）目标。反之，如果出于某些原因不适合放松宏观审慎政策，可以用较宽松的货币政策来实现这一目标。其次，货币政策与宏观审慎政策之间也存在一定的互补性。例如，货币政策会通过风险承担渠道影响金融稳定（如长期的低利率会导致银行和企业过度加杠杆）。在经济已经过热、杠杆已经过度的情况下，要实现金融稳定的目标，必须"同时"实施稳健的宏观审慎政策和偏紧的货币政策。如果没有宏观审慎政策工具来降低尾部风险①，货币政策本身也难以有效实现稳定经济的目标。

货币政策与宏观审慎政策的替代性决定了两者可能形成政策叠加，导致不必要的经济或金融波动，降低社会福利；也可能由于互补性，使一个政策因缺乏另一个政策的配合而无法实现目

---

① 尾部风险，指极小概率事件发生的风险，因为发生的次数太少通常会被忽略，而不采取有效的防范措施。但是，当它实际发生时，就会带来巨大的影响。如"黑天鹅"事件就是尾部风险事件。

标。然而，要明确替代性与互补性的主导地位，需依据具体的模型参数设定和宏观经济环境来权衡，在不同的参数设定和宏观经济环境下，替代性与互补性的作用也会发生变化。如果两种政策都以经济稳定为目标（如通胀和产出缺口），那么货币政策和宏观审慎政策是完全替代关系。如果用风险利差作为金融稳定的代理变量，并将金融稳定在福利函数中的比重提高到一定阈值，货币政策和宏观审慎政策就成为互补的工具，如在提高资本充足率的同时也需要配合加息。①

表5-2　不同类型冲击下的最优政策组合

冲击	货币政策	宏观审慎政策	关系
信贷质量上升	放松	收紧	替代
需求上升	收紧	放松	替代
成本上升	收紧	放松	替代
风险溢价上升	放松	放松	互补
信贷质量和需求同时上升	收紧	收紧	互补
信贷质量上升，需求下降	放松	收紧	替代
信贷质量上升，风险溢价下降	不变	收紧	中性
信贷质量和需求上升，风险溢价下降	收紧	收紧	互补

---

① 马骏、何晓贝：《货币政策与宏观审慎政策的协调》，《金融研究》2019年第12期。

货币政策与财政政策的协调机制

 货币政策与财政政策有哪些差异?

　　货币政策与财政政策在政策目标、决策机构、政策工具、调控客体、传导机制和政策约束等方面存在一些差异。具体来说，在政策目标方面，货币政策的主要目标是维持物价稳定、经济增长、充分就业和国际收支平衡等，而财政政策的主要目标是实现财政收支平衡、优化资源配置、调节收入分配和促进经济增长等。在决策机构方面，货币政策的决策机构通常是中央银行或货币当局，而财政政策的决策机构则是政府或议会。在政策工具方面，货币政策工具主要包括公开市场操作、存款准备金、利率等，而财政政策工具主要包括税收、政府支出和国债等。在调控客体方面，货币政策主要调控货币供应量和信用总量等，而财政政策主要调控国民收入或国内生产总值等。在传导机制方面，货币政策的传导机制主要通过金融市场和金融机构等中介进行，而财政政策的传导机制主要通过税收和政府支出的改变来影响企业生产和消费。在政策约束方面，货币政策受到货币供应、利率和通货膨胀率等限制，而财政政策则受到政府支出和税收等限制。①

　　总体而言，货币政策和财政政策都是重要的经济政策工具，它们在不同方面对经济产生影响。在制定经济政策时，需要综合考虑各种因素，包括经济形势、社会需求和政治压力等。同时，还需要注意不同政策之间的相互作用和协调，避免产生不必要的冲突和矛盾。②

81　货币政策与财政政策的组合模式有哪些?

　　20 世纪 30 年代以前，主流经济学理论反对政府过度干预经济，政府通常遵循平衡收支原则，货币体系以金本位为主。30 年代的经济大萧条促使凯恩斯革命提出宏观经济干预政策，由于

---

①　贾康、苏京春：《论中国财政政策与货币政策的协调配合》,《地方财政研究》2021 年第 2 期。

②　贾康、孟艳：《关于财政政策与货币政策协调配合的简要认识》,《财政研究》2008 年第 6 期。

金融体系扩张乏力，财政政策成为主要的反危机工具①。40 年代后，战争带来的繁荣暂时取代了长期萧条，预算赤字和通货膨胀成为新问题，凯恩斯主义者提出"补偿性财政货币政策"，根据经济状况交替实施紧缩和扩张政策。后凯恩斯学派代表人物萨缪尔森提出财政政策和货币政策要"松紧搭配"，根据经济形势和两种政策的特点灵活选择搭配方式。

　　货币政策与财政政策需要配合实施的原因在于它们各有所长又各有所短。货币政策在调节总需求方面相对灵活，但过度扩张或紧缩都可能对经济产生不利影响。财政政策在刺激经济增长和改善收入分配方面具有一定优势，但过度使用也会增加财政赤字和债务风险。因此，合理地搭配使用货币政策和财政政策，可以充分发挥各自的优势，同时减少各自的副作用，实现宏观经济的稳定增长。具体来看，在经济疲软时，财政政策更能有效刺激需求；而在经济过热时，货币政策更适合抑制通货膨胀。财政政策在紧缩时面临较大难度，因为财政支出具有刚性，税收和支出

---

① 反危机工具是战后资本主义国家为迅速恢复经济所采取的一系列防止经济危机发生，谋求缓和危机、缩短危机的政策措施。这些政策基本上是以凯恩斯主义经济理论为依据而制定的，大体可分为财政政策和货币金融政策两个方面。财政政策包括税收政策和支出政策，主要分为两类：一类是对整个经济自动起稳定作用的税收制度和某些财政支出项目，简称"内在稳定器"。它对经济有一定调节，但对美国经济增长有抑制作用。另一类是"机动"的财政政策，即根据不同的经济情况相机采取的政策。

政策调整需通过立法程序，增加税收和减少福利支出难以获得通过。

货币政策与财政政策的组合模式主要包括以下几种：首先，"双松"模式。即扩张性货币政策与扩张性财政政策的组合。当经济出现严重衰退时，可以采取这种组合方式，通过增加货币供应量和扩大政府开支来刺激经济增长。这种组合能够使经济迅速复苏，但也可能增加通货膨胀和财政赤字的风险。其次，"双紧"模式。即紧缩性货币政策与紧缩性财政政策的组合。当经济出现过热、通货膨胀严重时，可以采取这种组合方式，通过减少货币供应量和压缩政府开支来抑制总需求，降低通货膨胀率。这种组合能够有效地控制通货膨胀，但也可能导致经济增长放缓或衰退。最后，松紧搭配模式。这是后凯恩斯学派所推崇的政策组合方式。根据经济形势的需要，可以灵活地运用货币政策和财政政策，有时紧缩有时扩张，以达到既刺激经济增长又控制通货膨胀的目的。具体来说，可以采用松的财政政策与紧的货币政策搭配，或者紧的财政政策与松的货币政策搭配。这种组合方式能够在一定程度上缓解两种政策的副作用，使经济保持平稳增长。

国债如何在财政政策和货币政策中起到纽带作用?

发债是财政收支作用于货币供给的主要途径。不涉及赤字弥补的各项财政收支活动,它们本身并不会引起货币供给总量的变动。比如财政征收各项税收,实际上是把货币资金从企业和个人转移到财政,然后又通过财政支出转移到企业和个人,货币供给总量并不发生变化。如前所述,如果弥补财政赤字是靠向社会公众借款,也只是通过财政的"手"从社会公众那里拿来一部分收入,再通过财政支出放回到社会,货币供给总量不变,因此,在现代社会经济生活中,弥补财政赤字的主要方式就是发行国债。虽然国债发行并非全部直接卖给中央银行(或通过商业银行间接转到中央银行),却是现代社会财政收支作用于货币供给的主要途径。这是因为各国中央银行往往通过在二级市场上买卖国债来吞吐货币,从而达到调控经济的目的。这就是中央银行货币政策工具之一——公开市场业务的主要内容。

值得注意的是,在典型的市场经济国家,国债是财政与金融的主要联结点。首先,财政收支作用于货币供应主要是通过发债的途径。其次,国债是发挥财政政策和货币政策合力作用必不可少的操作手段。国债作为财政性信用工具,既能实现财政调控,又能实现金融调控：政府在国债市场上发行国债弥补财政赤字，筹集建设资金，实施财政调控；中央银行则利用国债开展公开市场业务，调节基础货币和信贷规模，进行金融调控。可见，无论是财政政策还是货币政策，其实施过程都同国债有着不可分割的联系。国债是政府将相对独立的财政政策和货币政策有机结合、协调运用、实现宏观调控、促进经济增长的重要工具。最后，必要的国债规模还是金融机构调剂头寸之所必需。国债由于其安全性好、流动性高，成为商业银行最适宜的二级储备。

 财政政策与货币政策的不同组合将产生哪些政策效果？

　　财政政策与货币政策是政府干预经济的两个主要工具，可以通过不同的组合产生不同的政策效果。一是扩张性财政政策和扩张性货币政策。这种组合旨在刺激经济增长并增加总需求。通过增加政府支出和降低税收，扩张性财政政策可以增加消费和投资，从而提振经济增长。同时，扩张性货币政策通过降低利率和增加货币供应量来降低借款成本，鼓励企业扩大生产和消费者增加消费。这种组合可以带来经济增长和通货膨胀的上升。二是紧缩性财政政策和紧缩性货币政策，这种组合旨在抑制通货膨胀并降低总需求。紧缩性财政政策通过减少政府支出和增加税收来减少总需求，而紧缩性货币政策通过提高利率和减少货币供应量来提高借款成本，从而抑制企业和消费者的支出。这种组合可以带来经济增长放缓或衰退，以及通货膨胀的下降。三是扩张性财政政策和紧缩性货币政策。这种组合旨在促进经济增长并控制通货膨胀。扩张性财政政策刺激总需求，而紧缩性货币政策则通过提高借款成本来控制通货膨胀。这种组合可能会导致经济增长放缓，同时通货膨胀仍然处于较高水平。四是紧缩性财政政策和扩张性货币政策。这种组合旨在控制通货膨胀并刺激经济增长。紧缩性财政政策抑制总需求，而扩张性货币政策则通过降低利率和增加货币供应量来刺激经济增长。但这种组合运用不当反而可能会导致通货膨胀加速，同时经济增长仍然疲软。①

❯ 知识链接 ## IS-LM 模型是如何推演货币政策和财政政策相协调的?

（1）IS-LM 模型与货币政策

货币政策的核心是调节货币供给量，以实现一定的宏观经济意图。在其他条件不变的情况下，货币供给的变动

---

① 罗云峰:《中国财政政策的有效性——蒙代尔—弗莱明模型在中国的调整和应用》,《上海经济研究》2010 年第 1 期。

会改变 LM 曲线的位置。当货币供给作为外生变量而增大时，会导致超额货币供给，从而必然导致利率下降，LM 曲线向右下方平移；当货币供给作为外生变量而减小时，则将不能满足货币需求，从而必然导致利率上升，LM 曲线向左上方平移。

更为重要的是，货币供给变化导致 LM 曲线移动的经济效果。LM 曲线右移和左移产生了不同的结果，其具体经济过程分别是：

货币供给增大→LM 曲线右移，利率下降→自主性投资支出增加→总需求提高→总产出增加→总产出的增加和利率的降低导致货币需求增加→直至货币均衡为止。

货币供给减少→LM 曲线左移，利率上升→自主性投资支出缩减→总需求缩减→总产出缩减→总产出的缩减和利率的上升导致货币需求缩减→直至货币均衡为止。

可以看出，货币供给的变动与产出正相关，从而货币当局可用扩张的或紧缩的货币政策来调节产出。这不仅说明了运用货币政策可以调节经济运行，而且也说明了如何运用货币政策达到一定的政策意向。货币政策，如前所述，其本身的具体政策目标既可以是货币供给量，也可以是利率。在市场经济体制之下，利率目标通常是由中央银行或货币当局规定，但它并不能强制执行。为了实现利率的政策目标，基本途径仍是调节货币供给的数量。因此，现实中货币政策的利率调节并不排斥这里的分析。

（2）IS-LM 模型与财政政策

可用来调节产出的还有财政政策。财政政策主要通过财政支出和税收的调节来影响经济运行，进而达到宏观调控的目标。

前面的分析表明，财政支出是构成总支出的因素。财政支出的增减必将影响总支出，从而会使 IS 曲线平移。由财政支出变动导致 IS 曲线右移或左移也会产生不同的经济结果，由此可以看出财政支出也与产出正相关，从而财政政策也可以通过调节支出来调节产出。

财政支出增加→IS 曲线右移，总需求增大→总产出增加→增加货币需求→超额的货币需求使利率上升→利率上升使超额货币需求消除→在增加的产出和提高的利率水平的交点上达到均衡。

财政支出减少→IS 曲线左移，总需求减少→总产出减少→减少货币需求→超额的货币供给使利率下降→利率下降使超额货币供给消除→在缩减的产出和降低的利率水平的交点上达到均衡。

财政政策的另一个有效工具是税收。税收对总支出的影响与财政支出是相反的：增加财政支出会增大总支出或总需求，而增加税收则会减少总支出；减少财政支出会减少总支出，而减少税收则会增大总支出。所以，增加财政支出与减少税收是扩张性的财政政策；减少财政支出与增加税收构成紧缩性的财政政策。当然，税收政策的效应实际上要复杂得多，而且引入税收问题的分析后，支出乘数也会发生相应的变化，有关内容需要更深一步的分析。

（3）IS-LM 模型与财政政策、货币政策的协调配合

从上面的分析可以看出，货币政策主要通过影响 LM 曲线实现政策意图，而财政政策主要依靠影响 IS 曲线实现政策意图。两个经济调节政策分别有自己的调节领域和调节手段。但 IS-LM 模型也清楚地表明，单独运用一种经济

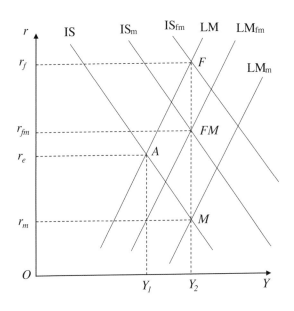

图 5-1　IS-LM 模型中的货币政策与财政政策

政策难以达到一定的经济政策目的，必须协调运用两大政策，并避免单独使用一种经济政策可能产生的不良影响。

如图5-1所示，经济运行原来的均衡点是A点，均衡产出为Y_1。假定政府希望经济运行能够实现产出Y_2，则可以分别运用财政政策和货币政策实现这个目标产出。

假定单独运用财政政策来扩大产出。在上图中，当IS曲线向上平移到IS_{fm}时，与LM曲线相交于F点，就可以实现产出Y_2。上面指出，财政政策的主要手段是政府支出和税收。要使IS曲线右移，财政必须扩大财政支出或者减少税收，或两种方式并用。在这种情况下，往往会使财政收支压力增大，赤字或债务增加。与此同时，从图中可以看出，由于财政政策的运用导致利率大幅上升，这不利于刺激投资和消费。假定只运用货币政策来实现目标产出，在图中，当LM曲线向右平移到LM_m时，与IS曲线相交于M点，就可以实现产出Y_2。货币当局推动LM曲线右移的基本途径是扩大货币供给量。而一味扩大货币供给，也可能导致一些不良后果，如通货膨胀压力增大、信贷约束软化等。与此同时，图中表明，单独运用货币政策增加货币供给量将导致利率的下降，在其他条件不变的情况下，利率的过分下降也会有不利后果。

协调运用财政政策和货币政策，则可能避免或减轻单独运用一种政策可能产生的不良后果。例如，运用财政政策使 IS 曲线移动到 IS_{fm}，运用货币政策使 LM 曲线移动到 LM_{fm}，两条曲线相交于 FM 点，实现产出 Y_2。这样，财政扩大支出的压力比原来单独运用财政政策时会小一些，而货币当局扩大货币供给的压力也会比原来单独运用货币政策时有所缓和。从理论上说，给定任何一个目标产出水平，都可以运用财政政策和货币政策去实现这个目标。问题的核心在于，如何权衡两个政策的优劣利弊，在最小的成本代价下达到最好的调控效果。

如何看待现代货币理论？

现代货币理论是一种宏观经济理论，它强调货币的创造和分配应该由政府来管理和控制。现代货币理论认为，政府应该通过控制货币供应量和制定货币政策来调节经济活动，以实现物价稳定、充分就业和经济增长等宏观经济目标。现代货币理论的核心理念是"货币国定论"，即一个国家的货币发行量应该由该国的政府或中央银行控制，而不是由私人部门决定。现代货币理论认为，政府应该通过控制货币供应量和制定货币政策来调节经济活动，以实现物价稳定、充分就业和经济增长等宏观经济目标。现代货币理论的理论基础是凯恩斯主义经济学，它认为政府应该通过财政政策和货币政策来干预经济，以实现宏观经济的稳定和发展。现代货币理论还借鉴了后凯恩斯主义经济学的思想，认为货币是一种政府发行的债务，其价值应该由政府来保证。在现代货币理论中，政府的作用被强调，政府应该承担起创造货币和分配财富的责任。

现代货币理论认为，主权政府能够通过创造和分配信用货币来影响经济活动和物价水平，从而主动地管理和调控经济。现代货币理论也强调了政府财政支出在促进经济增长和提高就业方面的作用，认为政府的货币政策应该服务于公共利益而非仅仅关注通胀和金融稳定。此外，现代货币理论提出政府的财政赤字是可以被接受的，因为政府可以通过创造货币来弥补赤字，而不需要像私人部门一样受到信贷约束的限制。此外，现代货币理论还主张实行"充分就业"政策，即政府应该采取措施保证所有愿意工作的人都能就业。[①]

尽管现代货币理论在理论上具有一些吸引人的特点，但在实际应用中存在一些问题和限制。首先，现代货币理论忽略了货币政策实施中存在的时滞和不确定性，这可能导致政策效果的不确定性和难以预测。其次，现代货币理论忽略了经济中存在的各种

---

① 李黎力：《货币与财政关系：现代货币理论与正统经济学比较分析》，《经济学动态》2023 年第 11 期。

复杂因素和不确定性，如市场摩擦、信息不对称、不完全竞争
等，这些因素可能对货币政策的效果产生重大影响。最后，现代
货币理论的主张可能引发道德风险和政府过度干预的问题，导致
市场机制的失灵和资源配置的扭曲。一些批评者认为，现代货币
理论的主张可能会导致通货膨胀和货币贬值，而且政府的过度干
预也可能导致经济出现不稳定性。此外，一些人还担心，如果政
府滥用其创造货币的权力，可能会导致通货膨胀失控和货币体系
崩溃等严重后果。①

　　尽管现代货币理论在一些方面存在争议和不足，但其在货币
与财政关系方面的理解具有一定的优势和启示。它提供了一种新
的视角来看待货币政策和财政政策之间的关系，并强调了政府在
经济发展中的重要角色。总的来说，现代货币理论是一种具有争
议性的宏观经济理论。虽然其主张在某些情况下可能具有一定的
合理性和适用性，但是其理论基础和政策主张需要进一步的探讨
和验证。

---

① 　张晓晶、刘磊:《现代货币理论及其批评——兼论主流与非主流经济学的融
　　合与发展》,《经济学动态》2019 年第 7 期。

篇 六

开放条件下的货币政策

汇率与汇率制度

85　如何理解汇率?

世界上大多数国家都拥有自己的货币,因此一国在与其他国家贸易往来时,常需要依照一定比率将本国货币兑换为不同国家的货币,而汇率就是指国与国之间货币折算的比率。通俗理解,汇率是指一国货币用另一国货币所表示的"价格",因此又常称为"汇价"。

一般来说,世界上绝大多数国家采用直接标价法(Direct Quotation)来表示汇率,即一单位外国货币可以兑换多少本国货币,例如,2024 年 1 月 29 日人民币兑美元的汇率为 7.18,即表示在 2024 年 1 月 29 日这一天,1 美元的人民币价格是 7.18 元。但是,也有一些国家(如英国和美国)采用间接标价法(Indirect Quotation)来表示汇率。与直接标价法相对,间接标价法是指一单位本国货币可以兑换多少外国货币。例如,对美国居民而言,美元是本国货币，人民币为外国货币。因此，2024 年 1 月 29 日美元对人民币汇率为 7.18，对美国居民而言即为采用间接标价法进行报价的汇率。

如果采用直接标价法表示汇率，汇率的数值上升（例如，人民币兑美元的汇率从 7.18 上升为 7.48），表示单位外国货币可以兑换到更多的本国货币，即外币升值，本币贬值；相应地，汇率的数值下降，则表示单位外国货币只能兑换到更少的本国货币，即外币贬值，本币升值。直接标价法则与之相反，汇率的数值上升，表示单位本国货币可以兑换到更多的外国货币，即本币升值，外币贬值；而汇率的数值下降，则表示单位本国货币只能兑换到更少的外国货币，即本币贬值，外币升值。

现实生活中，我们还会接触到一些与汇率相关的表达，例如现汇汇率和远期汇率、名义汇率和实际汇率。现汇汇率和远期汇率是按照外汇买卖的交割期限来划分的。现汇汇率也称即期汇率，是买卖双方成交后，在两个营业日之内办理外汇交割时所用的汇率，是在外汇交易过程中所使用的汇率；而远期汇率又称期汇汇率，是买卖双方事先约定的据以在未来的一定日期进行外汇交割的汇率，是在远期交易过程中使用的汇率。名义汇率单纯地表述为货币之间的兑换比率，日常我们在银行或是金融机构看到的汇率大部分均为名义汇率。而实际汇率则在名义汇率的基础上进一步考虑了本国和外国物价的影响，用两国国内同一商品表示两国货币的兑换比率。例如，"巨无霸指数"

（Big Mac Index）就是用麦当劳在不同国家售卖的巨无霸汉堡的价格来表示两国汇率。如果 2024 年 1 月 29 日麦当劳的巨无霸汉堡在中国的售价为 24.50 元，在美国的售价为 5.80 美元，而这一天人民币兑美元的名义汇率为 7.18，则基于巨无霸汉堡计算出人民币兑美元的实际汇率为：$\frac{5.80 \times 7.18}{24.50} = 1.70$。依照购买力平价理论，实际汇率应该等于 1；但是在这个例子中，这一数值大于 1，表示在美国购买一个巨无霸汉堡的钱在兑换为人民币后可以在中国买 1.7 个巨无霸汉堡，即在中国购买巨无霸汉堡更便宜。更为一般地，名义汇率与实际汇率的关系可以表示为：实际汇率 = $\frac{外国物价 \times 名义汇率}{本国物价}$，而这一关系实质上也就是耳熟能详的"一价定律"（Law of One Price，LOOP）。

> **知识链接**　现汇交易与远期交易

现汇交易（Spot Transactions）与远期交易（Forward Transactions）是外汇交易的两种形式，其中现汇交易是更为主要的形式。现汇交易是指银行存款立即或在两天内兑换的交易；而远期交易是指交易双方约定在未来某一时间进行交易的方式。

86 汇率是如何确定的？

类似于自由市场下的商品或资产的价格变化，货币的价格——"汇率"也主要由货币的供给和需求决定。从长期来看，产品市场和资本市场上的供求关系均对汇率的决定具有重要影响。就产品市场而言，瑞典学者 G.卡塞尔（G. Gassel）提出的购买力平价理论（Theory of Purchasing Power Parity，PPP）是揭示汇率决定的著名理论之一。该理论认为，两种货币的汇率应该由两国货币的购买力之比决定，实质上是将上文一价定律中单个商品的价格替换为一篮子商品价格。而购买力平价又可以分为绝对购买力平价和相对购买力平价，前者即某一时点两国物价水平静态对比形成的汇率基准；后者从物价水平的变动角度来考察汇率（t 时期汇率 = 基期汇率 × 两国物价水平相对变化），一定程度克服了绝对购买力平价的缺陷。根据这一观点，当一国物价相对于另一国上升，则该国的货币会贬值。

> **知识链接** 购买力平价理论的现实解释力如何？

从长期视角看，两国汇率变动的情况与购买力平价理论基本相符。如下图所示，当英国物价相对美国上升时（英国 CPI 与美国 CPI 的比值上升），英镑相对于美元贬值。但在较短时期内，购买力平价理论对汇率的预测则表现得非常糟糕，例如，2011—2013 年英国物价相对上升，但是英镑反而升值。出现这一现象的原因在于，购买力平价理论成立的前提是两国的产品同质且贸易成本很低，但是这一假定在现实中往往不成立。同时，购买力平价理论还忽略了国家之间如服务等不可贸易品的影响，如果价格上升是由于这些不可贸易品导致，那么购买力平价理论则难以成立。

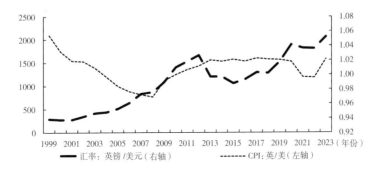

图 6-1　1999—2023 年英美两国购买力情况（指数：2010 年 =100）

资料来源：国际货币基金组织，见 https : //data.imf.org/regular.aspx?key =61545850。

就资本市场而言，英国经济学家凯恩斯（Keynes）于 1923 年提出的利率平价理论（Interest Rate Parity Theory）

在理解汇率变化中发挥了重要作用，该理论的主要观点为，一国国内利率等于外国利率减去本国货币的预期升值率。例如，将中国视作本国，国内资产以人民币计价，投资国内资产可获得利率 i_{china}；将美国视为外国，外国资产以美元计价，投资外国资产可获得利率 i_{us}，两国当期汇率为 E_0，远期汇率为 E_t。则拿出 1 元投资于美国资产，可以购买 $\frac{1}{E_0}$ 美元的美国资产，持有美元资产到期后可获得 $\frac{(1+i_{us})}{E_0}$ 美元，将美元兑换为人民币，则可获得 $\frac{(1+i_{us})E_t}{E_0}$ 元。那么就中国居民而言，投资美元资产的收益率为 $\frac{\frac{(1+i_{us})E_t}{E_0}-1}{1}$，即 $i_{us}\frac{E_t}{E_0}+\frac{E_t-E_0}{E_0}$。由于 $\frac{E_t}{E_0}$ 的值近似为 1，因此中国居民投资于美国资产的收益率可以近似表示为 $i_{us}+\frac{E_t-E_0}{E_0}$，由此可得，投资于美国资产和本国资产的相对收益率为 $i_{china}-i_{us}-\frac{E_t-E_0}{E_0}$。利率平价理论认为，由于资本具有流动性，会消除一切套利机会，因此相对收益率应该为 0，即 $i_{china}=i_{us}-\frac{E_t-E_0}{E_0}$，本国收益率等于外国收益率减去本国货币预期升值率，则当期汇率与利率的关系可表示为 $E_0=\frac{E_t}{i_{us}-i_{china}+1}$。因此，本国利率、预期汇率上升，则当期汇率上升；外国利率上升，则当期汇率下降。

虽然购买力平价理论和利率平价理论在长期均能较好地解释汇率的变化，但是这一过程往往十分漫长。从短期来看，汇率主要由外汇市场供求所决定，但同样受到远期汇率的影响，表 6-1 给出了影响短期汇率的因素及相应的影响方向，感兴趣的读者可进一步阅读相关教材详细探究。

表6-1　汇率影响因素汇总

因素	因素变动方向	对国内资产的需求变化	本国币值变动
本国利率	上升	上升	升值
外国利率	上升	下降	贬值
预期国内物价水平	上升	下降	贬值
预期进口壁垒	上升	上升	升值
预期出口需求	上升	上升	升值
预期本国相对生产能力	上升	上升	升值

 汇率有哪些作用？

汇率是国际经济活动中一个极其重要的经济指标，汇率的变化会对全球贸易、投资、经济增长以及政策制定产生深远的影响，长期以来维持汇率稳定一直是各国关注的问题。

就汇率对国际贸易和投资的影响而言，从产品市场来看，汇率对国际贸易产生直接影响，影响国内外商品的相对价格。如果一国货币升值，当国内物价水平不变时，该国商品在国外会变得昂贵，而外国商品的价格则显得相对便宜，从而影响一国出口商品在国际市场上的竞争力，进而影响出口国的经济发展水平。而货币贬值则产生相反的效果，将增加出口竞争力，减少进口。这种机制在平衡贸易顺差或赤字方面起着重要作用。从资本市场来看，汇率会影响外国投资者投资本国资产的收益。根据前述的利率平价理论，如果一国货币在投资到期日贬值，则投资者的净收益需要考虑资产回报率和汇率变动的影响。

就经济调节作用而言，汇率是经济调节的政策工具之一，中央银行可以利用汇率作为调节宏观经济的工具。根据利率平价理论，中央银行降低利率通常会导致货币贬值，从而降低本国产品在国际市场上的价格，提高出口竞争力，减少贸易逆差，支持本土产业的发展，进而缓解失业，带动经济增长。而中央银行提高利率可能会使货币升值，货币升值会降低进口商品的成本，控制国内通胀；同时，货币升值可能吸引外国资本流入，但大量投机性外资流入可能会影响一国的金融安全和稳定。此外，汇率的稳定性或不稳定性可以反映一个国家的经济健康状况，影响其在国际市场上的信誉和信用等级，例如阿根廷等国家由于汇率大幅波动，至今仍深陷在债务违约的泥潭中。

❯ 知识链接 **阿根廷比索危机**

阿根廷是一个汇率不稳定的国家，经历了多次货币危机，这些危机直接影响了国家的信誉。自 1824 年阿根廷政府首次发行债券至 2024 年 1 月，阿根廷政府已违约高达 9 次，2001 年阿根廷债务违约后被剥夺国际市场融资权利长达 15 年，直至 2016 年才恢复。2018 年的违约为阿根廷政府历史上一次最为严重的危机之一。2018 年 5 月 3 日，阿根廷货币比索兑美元的汇率暴跌 8.5%，创下该国实现汇率自由浮动（2015 年 12 月）以来最大跌幅。在美元走强的大背景下，阿根廷比索一直承受贬值压力，比索对美元的比价累计跌幅达到了 15% 以上。为了遏制比索的跌势，阿根廷央行持续加息，在 2018 年 4 月 27 日至 5 月 4 日短短一周的时间里，阿根廷央行连续 3 次大幅加息，将基准利率提高到令人震惊的 40%。但是由于阿根廷外债规模高，违约次数过多，国际融资已难以获得，阿根廷政府解决此次大幅度贬值的可用手段已变得非常少。在这次危机中，阿根廷的货币（阿根廷比索）暴跌，通货膨胀急剧上升，国内生产总值下降，失业率飙升，民众抗议和社会动荡不断。危机导致国家信誉受损，投资者和国际债权人对阿根廷的信任大幅下降，这使得阿根廷被迫经历了漫长而艰难的债务重组、重建国家信誉的过程。

常见的汇率制度有哪些？

汇率制度可以追溯至第一次世界大战前，彼时各国普遍实施金本位制度，即各国的货币可以依照一定的比率直接兑换为黄金，各国的货币兑换比率也随之固定，因此，金本位制度实际上是一种固定汇率制度。但是这一制度的问题是各国的币值严格受到黄金供给的影响，难以满足自身经济发展的需要。因此，第二次世界大战后，战胜国建立起了布雷顿森林体系。简单来说，这一制度建立起了美元与黄金挂钩（1 盎司黄金 ＝ 35 美元）、各国货币与美元挂钩的货币体系。但是，随着美元发行的膨胀，1971 年 8 月尼克松政府宣布放弃美元"金本位制"，标志着布雷顿森林体系的解体。

当今国际货币体系中，汇率制度总体可以划分为固定汇率制度和浮动汇率制度两种基本类型。固定汇率制度是将本国货币同其他某一国家的货币（又称锚定币）的兑换比率固定。而浮动汇率制度是指本国货币的价值不与任何其他国家的货币固定，与不同国家货币之间的兑换比率是波动的。如果国家通过买卖外汇等方式调节汇率，则称为有管理的浮动汇率制度，也称肮脏浮动汇率制。此外，介于固定和浮动之间，还存在一种盯住汇率制度。

盯住汇率制度是指一国将本国货币与主要贸易伙伴国的货币确定一个固定的比价，令本国汇率随着某一种或几种货币进行浮动。这一制度常见于一些经济实力较弱，难以维持自身币值稳定的发展中国家。表 6-2 展示了国际货币基金组织对各成员方汇率制度的分类情况。

表 6-2　2023 年国际货币基金组织对各成员方汇率制度的分类

汇率制度		国家（地区）数量	国家（地区）名称
硬盯住	无法定货币	13	厄瓜多尔、巴拿马、津巴布韦等
	货币局安排	11	中国香港、文莱、保加利亚等
软盯住	传统盯住	43	沙特阿拉伯、多哥、利比亚等
	稳定化安排	27	安哥拉、马尔代夫、越南等
	爬行盯住	3	洪都拉斯、尼加拉瓜、博茨瓦纳
	准爬行	15	中国内地、老挝、伊朗等
	水平区间盯住	1	汤加
其他有管理的汇率制度		13	柬埔寨、白俄罗斯、委内瑞拉等
浮动	浮动汇率	35	哈萨克斯坦、阿根廷、美国等
	自由浮动	31	英国、瑞典、波兰等

资料来源：IMF，"Annual Report on Exchange Arrangements and Exchange Restrictions"，2023。

如何理解中国汇率制度的发展?

自 2005 年 7 月 21 日起,我国开始实行以市场供求为基础的、参考一篮子货币进行调节、有管理的浮动汇率制度。人民币汇率不再盯住单一美元,而是按照我国对外经济发展的实际情况,选择若干种主要货币,赋予相应的权重,组成一个货币篮子。同时,根据国内外经济金融形势,以市场供求为基础,参考一篮子货币计算人民币多边汇率指数的变化,对人民币汇率进行管理和调节,保持人民币汇率在合理均衡水平上的基本稳定。人民币基准汇率是中国人民银行于每个工作日闭市后公布的当日银行间外汇市场美元等交易货币对人民币汇率收盘价,即下一个工作日该货币对人民币交易的中间价。

中国当前的汇率制度并不是一蹴而就的,而是经历了漫长的发展与改革过程(见图 6-2)。在计划经济时期,不存在外汇市场,国家采取"物价对比法"确定人民币汇率水平。1973 年后,资本主义国家普遍实施浮动汇率制度,为保持人民币汇率稳定,中国采取了"一篮子货币"的汇率计值方法,即依据人民币与若干外贸相关货币的汇率波动,用加权平均的方法计算人民币汇率,并不时调整。随着改革开放的深入,我国外汇调剂市场逐步形成，1993 年发布的《外汇调剂市场管理规定》对该市场的外汇交易活动进行规范，人民币汇率形成了以国家对外公布的"官定汇率"和外汇市场人民币调剂的"市场汇率"的"双轨制"。1994 年实施的外汇体制改革将中国外汇汇率形成机制纳入了"以市场供求为基础、单一的、有管理的浮动汇率"的规范轨道。2005 年 7 月和 2015 年 8 月两次汇率改革，以及 2016 年 2 月明确"收盘价 + 一篮子货币汇率变化"的人民币对美元汇率中间价形成机制，使人民币汇率逐步走向市场化决定的轨道。此后，为适度对冲市场情绪的顺周期波动，2017 年 5 月外汇市场自律机制核心成员提出在"收盘价 + 一篮子货币汇率变化"的报价模型中加入"逆周期因子"，但在 2020 年 10 月，各大中间价报价行便开始陆续淡出对逆周期因子的使用。自此，规则清晰、透明公开、市场主导的人民币汇率中间价形成机制便一直沿用至今。

　　总体来看，人民币汇率的目标是实现人民币汇率市场化。实

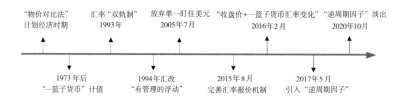

图 6-2　我国汇率制度的历史沿革

资料来源：笔者整理。

现汇率市场化的原因在于,随着国内外经济、金融形势频频变化,影响汇率的因素不仅日益增多,而且日趋复杂,自上而下对汇率的集中管控难以及时准确地找到汇率的合理区间,只有市场形成的汇率才能成为调节各领域的重要经济杠杆。回顾我国汇率制度改革的成就可以看出,人民币汇率市场化改革有效保障了人民币币值稳中有升,完善了汇率报价机制,并促成了人民币加入特别提款权(SDR)货币篮子。基于以上成就,一些学者提出,未来人民币必将不断走向国际化,为中国经济发展和世界金融体系的稳定贡献中国方案和中国力量。

> **知识链接** 浅析中国"721 汇改"和"811 汇改"

2005 年 7 月 21 日中国实施汇率制度改革,使人民币重回有管理的浮动汇率制度。在此之前,中国经常账户和资本与金融账户持续出现"双顺差",导致了外汇占款增加和资产泡沫积聚等一系列经济失衡问题,人民币面临较大的升值压力。2005 年 7 月 21 日,新一轮人民币汇率形成机制改革启动。汇率制度改革的主要内容包括取消盯住美元的政策,改为以市场供求为基础、参考一篮子货币进行调节、有管理的浮动汇率制度。人民币汇率兑美元一次性升值 2.1%,从 8.28 升至 8.11。人民币汇率中间价由参考上日银行间市场加权平均价确定，2006 年 1 月 4 日，中国人民银行决定进一步引入做市商制度和询价交易机制，改变中间价的定价方式。此后，人民币的单边升值压力得到了部分释放，经常账户和资本与金融账户顺差上升趋势放慢，通货膨胀率也有所放缓，部分释放了前期积累的经济失衡压力。

2015 年汇率政策调整前，中国再次出现由汇率不灵活造成的外汇市场供求失衡。从 2014 年初至 2015 年 8 月 11 日的汇率制度改革前，人民币兑美元汇率一直稳定在 6.1—6.2 的水平，贬值压力逐渐积聚且得不到释放。2015 年 8 月 11 日，中国人民银行宣布调整人民币兑美元汇率中间价报价机制，做市商参考上日银行间外汇市场收盘汇率，向中国外汇交易中心提供中间价报价（注：2015 年 8 月 11 日以来，为了反映市场的供求状况，在下调中间价、引导人民币贬值的同时，中国人民银行还强调在决定中间价时将参考上日收盘汇率），一系列汇率政策调整使人民币贬值压力得以释放。

主要汇率政策有哪些？

为了使汇率更好服务于自身的经济发展，世界上绝大多数国家均会对汇率进行调节，主要调节政策包括中央银行通过买卖自身持有的外币资产（即外汇储备），以及调整基准利率的方式影响市场上基础货币的供应、利率等，进而影响汇率。具体来说，对于调整外汇储备来说，若中央银行希望提高本币价值，则会在外汇市场上以卖出外币资产的方式换回本币，由于外币资产增加，外币资产的供给曲线右移，此时汇率贬值，即本币升值（见图6-3）。对于调整利率而言，当一国面临通胀压力时，央行提高基准利率，带动本币计价的资产收益率提升，提高对国外投资者的吸引力，进而吸引外资流入，本币相对稀缺，本币升值，即间接计价法下的汇率贬值；反之，降低基准利率则会降低本币资产的吸引力，导致外资外流，进而本币贬值，汇率升值。此外，一些国家还会实施外汇管制，通过禁止外汇流入或流出影响本国汇率，但是这一方法的效果目前在学术界仍

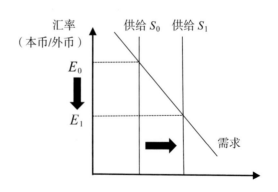

图6-3 通过调节外汇储备调节汇率

资料来源：笔者绘制。

存在分歧。

通过影响外汇储备等手段可以对汇率进行干预，但若国家对货币的管理能力较弱或本国货币信用较差，一些国家会采取汇率目标制（Exchange Rate Targeting）的方法，通过将本国货币价值盯住美国等经济金融实力较强国家 ① 的货币来控制通货膨胀、稳定汇率以及提升公众对本国货币的信心。此外，部分国家还采用爬行盯住制（Crawling Peg System），即本国可以围绕核心国货币经常地、持续地、小幅地调整本国货币的汇率。采用汇率目标制的国家通过将本国国际贸易产品的通货膨胀率与核心国挂钩，能有效控制本国通货膨胀；同时，汇率目标制为央行实施货币政策提供了自动规则，缓解了货币政策相机抉择 ② 引起的市场预期不稳定，提升央行公信力。但是，实施汇率目标制同样存在缺陷。为了维持稳定的汇率，实施汇率目标制的国家丧失了独立的货币政策，失去了利用货币政策应对国内经济冲击的能力；同时，当核心国经济受到冲击时，这一冲击会通过汇率传导到盯住核心国汇率的国家。此外，实施汇率目标制会使得本国的汇率可预测性提升，引起投机者套利，影响本国金融稳定和安全。

---

① 　这些被盯住的国家被称为核心国（Anchor Country）。

② 　相机抉择货币政策又称权衡性货币政策，是指货币当局或中央银行依据对经济形势的判断，为达成既定的货币政策目标而采取的权衡性措施。

| 开放条件下内外均衡冲突与
政策选择

91 如何理解宏观经济的内部政策和外部政策？

内部政策和外部政策均是为了实现经济增长、稳定和可持续发展，但它们的关注点和影响范围有所不同，可以理解为一国政府在不同层面上调控经济的两种主要方式。内部政策指的是政府对国内经济活动的管理和调控措施，主要关注国内市场、经济结构、就业、通货膨胀和国内总需求等方面，目标是实现经济增长、控制通货膨胀、降低失业率等，主要工具为财政政策和货币政策等。外部政策指的是政府对外经济活动的管理和调控，主要关注国际贸易、外汇市场、国际资本流动和对外经济关系等，目标是平衡国际收支、维持外汇储备、管理国际经济关系和提升国际竞争力等，主要工具包括贸易政策、汇率政策和资本管制政策等。内部政策和外部政策在宏观经济管理中是相辅相成的。内部

248

政策更多关注国内经济稳定和增长，而外部政策则更关注国际经济交往和外部经济环境，两者的有效结合对于一个国家经济的平稳健康可持续发展至关重要。同时，这两种政策在实施过程中也会相互影响，例如，国内的货币政策可能会影响汇率，而国际贸易政策又可能反过来影响国内生产和价格水平，表6-3对内部政策和外部政策进行了简要汇总。

表6-3　内部政策和外部政策汇总

	内部政策	外部政策
定义	对国内经济活动的管理和调控措施	对外经济活动的管理和调控
关注点	国内市场、经济结构、就业、通货膨胀、国内总需求等	国际贸易、外汇市场、国际资本流动、对外经济关系等
目标	实现经济增长、控制通货膨胀、降低失业率等	平衡国际收支、维持外汇储备、管理国际经济关系、提升国际竞争力等
主要工具	财政政策（税收、公共支出）、货币政策（货币供给、利率调控）	贸易政策（关税、出口补贴、贸易协定）、汇率政策、资本管制政策

资料来源：笔者整理。

　　通过内部政策实现国内经济均衡的状态被称为内部均衡，是指一个国家在其国内经济中达到了产出和就业的最优水平，同时控制了通货膨胀，实现了充分就业和物价稳定的状态。而通过外部政策实现国际交易均衡的状态被称为外部均衡，是指一个国家在其国际交易中实现了国际收支平衡。

92　什么是"三元悖论"？

　　"三元悖论"是指一国的货币金融政策有三个基本目标：（1）本国货币政策的独立性；（2）汇率的稳定性；（3）资本自由流动。由于这三个目标不可能同时实现，也被称为"不可能三角"。"三元悖论"最早可以溯源至英国经济学家米德（1953）提出的"米德冲突"——开放经济条件下内部均衡目标和外部均衡目标发生冲突，其中在保证包括货币政策在内的支出增减政策有效的情况下，固定汇率制度和资本自由流动是不能共存的，这与后来提出的"三元悖论"理论之间有着理论传承关系。20世纪60年代，罗伯特·A.蒙代尔和J.马库斯·弗莱明提出了开放经济条件下的蒙代尔—弗莱明模型，为后来"三元悖论"理论的提出奠定了重要基础。1997年亚洲金融危机后，克鲁格曼提出了上述"三元悖论"。

　　依照"三元悖论"，如果某国或地区选择了其中两个政策目标，即三角形的一条边，则其无法实现第三个政策目标，即该边相对角的政策目标。例如，在布雷顿森林体系时期，大多数国家

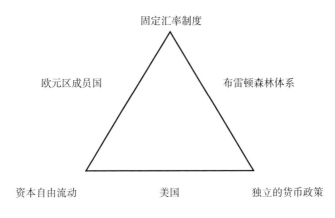

图 6-4　不可能三角

资料来源：Krugman，Paul R.，and Maurice Obstfeld，"International Econom-
ics: Theory and Policy"，Pearson Education，2009。

的金融政策选择了本国货币政策的独立性和汇率的稳定性（即实
施固定汇率制度），则需要对外汇实施管制，放弃资本自由流动
的目标；如果选择了资本自由流动和独立的货币政策，则需要承
受汇率波动的冲击，如当前美国的汇率政策；如果该国选择了汇
率稳定和资本自由流动，则无法运用独立的货币政策，如当前欧
元区各成员国的状况。

　　不同类型的国家往往会选择不同类型的目标组合。例如，发
展中国家由于应对金融风险与冲击的能力较弱，因此常常选择维
持汇率的稳定和保持本国货币政策的独立性而放弃资本自由流
动，实施外汇管制；但是，外汇管制常会面对较为严重的内外部
压力，因此一些发展中国家不得不选择放弃本国货币政策的独立

性，转而维持汇率稳定以及资本自由流动，如阿根廷实施的货币局制度，以及厄瓜多尔实施的美元化制度。

> **知识链接** **扩展的不可能三角**

克鲁格曼三角虽然清晰地刻画了三个目标之间的关系，但是无法表述出中间制度的影响。为了弥补这一缺陷，有学者尝试通过建立新的指标体系，提出了扩展三角理论，用 x、y、m 分别表示各国汇率稳定、货币政策独立和资本自由流

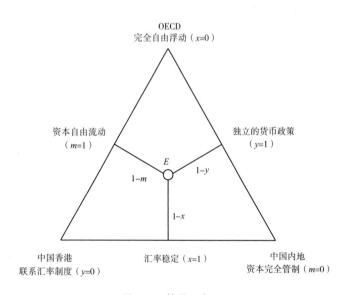

图 6-5　扩展三角

资料来源：沈国兵、史晋川：《汇率制度的选择：不可能三角及其扩展》，《世界经济》2002 年第 10 期。

动的重要程度，这三个参数均在 0 到 1 的范围内取值，数值越大表示该目标对该国来说越重要，如图 6-5 所示。

对于一国来说，最终的政策选择应实现 $x+y+m=2$，三个变量取值为 0 或 1 均表示极端情景，图中的 E 点为中间制度解，用该点到三边的距离 $(1-x, 1-y, 1-m)$ 表示，具体位置取决于一国实际的经济状况，距离哪一条边越近则表示该国越重视哪一项政策目标。扩展三角理论表明，不存在一种对所有国家所有时期均适用的汇率制度，最终政策选择取决于国家为各政策目标重要程度所赋参数。

93 国家如何进行内外政策搭配？

在开放经济的条件下，宏观经济不仅需要稳定通胀实现内部均衡，还需要维持国际收支稳定实现外部均衡，并在此基础上保持经济适度增长和充分就业。为了实现内部和外部均衡，传统观点认为，国家应通过财政政策和货币政策实现内部均衡，通过汇率政策实现外部均衡。但是，依据这一观点，当一国采取固定汇率制度时，汇率工具就无法使用。因此，英国经济学家詹姆斯·米德（James Edward Meade）提出经典的"米德冲突"，即在固定汇率制度下，一国使用宏观经济政策无法同时达到内外部经济均衡，因为在使用财政政策和货币政策实现内外均衡时，政策取向往往存在冲突。针对这一观点，美国经济学家罗伯特·A.蒙代尔提出了政策搭配理论，即通过"分派原则"实施政策：在固定汇率制度下，通过财政政策实现内部均衡，通过货币政策实现外部均衡，此时就能实现经济的全面均衡。

图6-6展示了开放条件下财政政策和货币政策搭配实现内外均衡。横轴为利率水平，表示货币政策；纵轴为财政支出，表示财政政策。YY线表示内部均衡线，向右上方倾斜，线上任何一点均表示实现内部均衡的财政政策和货币政策组合，当利率提升，由于国内需求紧缩，需要增加财政支出刺激需求扩张实现国内平衡；BB线为外部均衡线，同样向右上方倾斜，且斜率大于YY线，表示利率水平提高时外部资本流入，此时可能产生国际

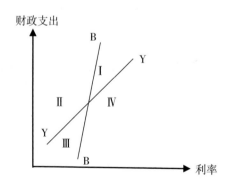

图6-6　开放条件下财政政策和货币政策搭配

资料来源：笔者绘制。

收支盈余，因此需要扩张财政支出提升进口需求来实现外部均衡。同时，对 BB 线而言，利率提升不仅会使国内需求紧缩，还会带来外部资本流入，从经常账户和资本账户两个方面促进国际收支盈余；而对 YY 线而言，财政政策仅从经常账户这一个方面影响国内均衡。

依据蒙代尔政策搭配理论，表 6-4 给出了当一国面临不同类型的内外失衡状态时相应的政策搭配。

表 6-4 经济失衡状态与相应政策搭配

	I	II	III	IV
经济失衡状态	通货膨胀 国际收支盈余	通货膨胀 国际收支赤字	失业 国际收支赤字	失业 国际收支盈余
相应政策搭配	紧缩性财政政策 扩张性货币政策	紧缩性财政政策 紧缩性货币政策	扩张性财政政策 紧缩性货币政策	扩张性财政政策 扩张性货币政策

资料来源：笔者整理。

中国如何应对内外均衡冲突与选择问题？

当前中国内外均衡冲突的主要问题集中于资本账户可兑换方

面。1978 年之前，中国经济对外开放有限，因此基本上不存在外部均衡问题；1980 年之后，外部均衡问题随着经济开放程度日益扩大接踵而至，但是仍易于管控。原因在于，在 1996 年之前，人民币尚为不可兑换货币，严格的外汇管控隔绝了外部经济和内部经济的联系，单由外汇管制就能实现外部均衡，所以这段时期虽然存在外部均衡问题，但是内外均衡问题的冲突并不明显。自 1996 年实现了人民币经常账户下的可自由兑换后，特别是中国加入世界贸易组织以来，中国推进资本账户可兑换的压力不断增大，压力主要来自以下几个方面：（1）世界贸易组织以及相关国际组织的推动。虽然世界贸易组织并不直接对各国的外汇管理制度作出安排，但这一组织将外汇管制视为各国设置的非关税壁垒之一。而国际货币基金组织等也在 1997 年提出了修改国际货币基金组织的设想，推动各成员方资本账户自由化。（2）开放型经济大发展的内在需要。一方面，外商投资以及跨国公司在中国的扩张要求中国资本账户可兑换性提高；另一方面，中国本土企业国际化程度提升，资本自由化的需求也日益提升。（3）资本管制的有效性日益受到挑战。由于资本账户和经常账户常常难以有效区分，使得部分资本账户通过混入经常账户中逃避管制，此外自从外资银行可以全方位进入中国市场后，带来了多种可以绕开外汇管制的方法，因此管制的有效性下降。（4）管制成本高昂。随着管制的复杂性提升，管制成本也急剧攀升。

　　长期以来，中国也一直致力于推进资本账户自由化，早在2005年便提出"完善有管理的浮动汇率制度，逐步实现人民币资本账户可兑换"。近年来，中国在人民币可兑换方面也已经取得了一定的进展，例如，鼓励中国企业"走出去"：2014年，国家外汇管理局逐步放宽对前期费用管理要求，基本取消境内机构"走出去"在汇兑环节的限制，且在2015年国家外汇管理局进一步简化外汇管理，将境外直接投资项下外汇登记下放银行办理，同时将境外直接投资外汇年检改为存量权益登记。进一步放宽境外投资的限制：2019年国家外汇管理局取消合格境外机构投资者（QFII）和人民币合格境外机构投资者（RQFII）投资额度限制。截至2022年末，中国在7大类40项资本项目子项中，有36项已经取得了不同程度的开放。其中，完全可兑换有4项，基本可兑换有3项，部分可兑换有19项。

　　尽管中国资本账户的可兑换性已经逐步扩大，但目前进一步扩大的空间仍存在，"721汇改"和"811汇改"后，汇率形成机制方面取得了一定实质性进展，但仍有待完善。协调好"三元悖论"中三项政策目标的关系仍是未来较长一段时间内的重要任务，需要中国做好合理的过渡安排。

开放条件下货币政策的国际协调

95 什么是开放条件下的货币政策？

在全球化背景下，开放经济条件为国家间的经济互动提供了一个广阔的平台。根据世界银行的定义，开放条件指的是一国经济体系对外开放，允许资本和贸易自由流动，与其他国家的经济体系存在密切联系。对外开放带来了诸多好处，如增加了国内市场的竞争性，提高了生产效率，丰富了消费者的选择等。然而，它也对货币政策的实施提出了新的挑战。开放经济体制下的货币政策，不仅受到国内经济因素的影响，还深受国际资本流动、汇率变动等国际经济因素的制约。例如，当中央银行调整利率时，会通过汇率影响资本项目跨境流动和对外贸易的竞争力。国内利率下调会降低本币的汇率，加大资本外流；但汇率的降低，会提高出口的竞争力，有助于改善出口。此外，资本的自由流动使得一国同时实现独立的货币政策和固定汇率制度变得更加困难，进而面临"不可能三角"问题。国际市场的变化，如外国利率变动和国际金融危机等，对国内经济的影响在开放经济条件下会更加显著，这要求货币政策的制定者在实施和制定货币政策时，需要充分考虑这些外部因素的影响。

因此，在开放经济条件下，货币政策的实施策略需要更加灵活和多元。中央银行需要采取更为复杂的政策工具来应对国际资本流动的不确定性和汇率波动的风险。同时，开放经济也要求货币政策制定者加强与其他国家中央银行的协调合作，以减少政策行动可能产生的负面跨国影响。此外，中央银行还需要关注国内金融市场的稳定，通过宏观审慎政策工具来防范和管理跨境资本流动可能引发的金融市场波动和风险。

96 开放经济条件下的货币政策传导机制是怎样的？

在开放经济条件下，货币政策可以通过影响国际资本流动改变汇率，并在一定的贸易条件下影响净出口。

在实行固定汇率制度的国家，中央银行可以直接调整汇率；在实行浮动汇率制度的国家，中央银行必须通过公开市场操作来改变汇率。当一国实行紧缩的货币政策时，利率随之上升，外国

对该国生息的金融资产（如债券）的需求会增加；而该国对国外
类似资产（如外国生息的金融资产）的需求会下降。为了购买该
国金融资产，外国人必须购买该国货币，外国对该国货币的需求
增加。相应地，该国对外国货币的需求减少。这就使得该国货币
在外汇市场上升值。本币的升值不利于本国商品的出口，却会提
升外国商品在本国的市场竞争力，该国贸易差额减少，净出口下
降。当一国实行扩张的货币政策时，则有相反的过程。这样的机
制可以描述如下：

$$M \rightarrow r \rightarrow re \rightarrow NX \rightarrow Y$$

式中，re 为汇率；NX 为净出口；其他字母含义同前文。

在金融全球化的趋势下，国际资本的流动对本国货币政策的
操作具有抵消作用。比如当本国需要提高利率以限制对本国商品
和劳务的总需求时，外国资本的流入却抑制了利息率的上升。与
此相反，当中央银行期望降低利率时，资本的流出却会阻碍利率
的下降。

97 如何理解货币政策国际协调？

货币政策国际协调是指不同国家的中央银行或货币当局在制

定和执行货币政策时，通过沟通、协商和合作，以达到共同的经济目标，这些共同的经济目标主要包括：促进经济增长与控制通胀；维持全球金融稳定性；避免"货币战争"；应对全球性挑战。

经济学家理查德·N.库珀（Richard N. Cooper）构建了溢出效应理论，强调了一个国家的货币政策对其他国家经济的影响，为解释实施货币协调的原因贡献了思路。如美国实施紧缩的货币政策，可能会导致全球利率上升，进而影响其他国家的资本流动和汇率水平。这种跨国界的影响促使各国中央银行在制定货币政策时不仅要考虑国内经济状况，还要考虑其他国家的政策动向和全球经济环境。因此，为了减少负面溢出效应，提高全球经济稳定性和增长，国家之间需要进行有效的货币政策协调。在面对全球经济危机、金融市场动荡等挑战时，溢出效应理论强调了国际合作的重要性；同时，溢出效应理论也指出，虽然国际协调很重要，但各国在实施货币政策时还需要平衡国内外政策目标。这可能意味着各国需要在促进国内经济增长和就业、控制通胀与维护全球经济稳定之间寻求平衡。

❯ 知识链接 **美联储加息的溢出效应**

2022 年，美国的通胀率达到了近 40 年来的最高水平，一度接近 10%。为了应对通胀，美联储从 2022 年 3 月接

近于零的利率开始多次加息，截至 2024 年 2 月共进行了 11
轮加息，产生了几十年来美国最快的加息周期之一。对美
国自身而言，加息对本国经济增长产生了冷却效应，经过
美联储数轮加息，2023 年美国的综合通胀大幅度回落，经
济增长率放缓至 2.5%，美国经济从 2021 年的强劲复苏逐
步转向更为缓慢的增长路径。对于世界其他国家而言，美
联储加息吸引了国际资本流入，导致一些新兴市场经历资
本外流，汇率波动加剧。例如，一些亚洲和拉丁美洲国家
的货币对美元大幅贬值；同时，由于美元的全球地位，美
联储加息导致全球借贷成本上升，影响了全球经济增长，
特别是对那些高度依赖外部融资的国家和企业。[1]

对于美联储加息，一些国家也对自身的货币政策作出
相应调整。在利率方面，巴西、俄罗斯和土耳其等提高了
利率，以吸引资本流入并稳定本国货币；印度和南非等也
跟随加息，以防止本币过度贬值和控制通胀。在国际合作
方面，二十国集团在其峰会和财长会议上讨论了如何共同
应对美联储加息和其他主要中央银行政策调整的挑战等问
题，指出了全球经济政策协调的重要性。中国人民银行与
多个国家的中央银行签订了货币互换协议，旨在美元加息、

---

[1]　据 2024 年 3 月 11 日美国总统拜登公布的 2025 财年预算案，白宫对 2024 年
经济增长率的预测为 1.7%，远低于彭博调查先前公布的 2.1% 的预估中值。

国际金融风险上升的背景下，为彼此提供流动性支持，增强金融市场稳定性。

如何实施货币政策国际协调？

　　货币政策国际协调是一个复杂的过程，涉及不同层次的合作、多种类型的协调机制，面对多重挑战。在货币政策国际协调的层次方面，主要包括双边协调、多边协调和区域协调。双边协调是指在两个国家或地区的中央银行通过直接对话和协议来调整各自的货币政策，减少政策决策对彼此经济的负面影响，增加双边经济。中国与巴西、蒙古国、阿联酋等国家签订的货币互换协议就属于双边协调的范畴，通过为彼此提供流动性支持，降低双方的金融风险。多边协调通常在国际货币基金组织、二十国集团和世界银行等国际组织或论坛内进行，这种协调形式涵盖了更广泛的参与者，目的是在全球范围内寻求政策共识，处理全球经济问题和挑战。区域协调常发生在欧盟、东盟等区域一体化程度较高的国家，这些国家通过区域性机构或框架合作，以解决共同的经济和金融问题，提高区域金融稳定性。表6-5对货币政策国际协调层次进行了汇总。

表 6-5　货币政策国际协调层次

协调层次	参与方	政策效果	目的	例子	政策效果强度
双边协调	两个国家或地区的中央银行	直接影响参与国家或地区的经济和金融市场	减少政策决策对彼此经济的负面影响,增强双边经济	中国与巴西之间的货币互换协议	较强
多边协调	国际组织(如IMF、G20)、多个国家	影响全球经济和金融市场	在全球范围内寻求政策共识,处理全球经济问题和挑战	G20 在国际金融危机期间协调各国中央银行实施宽松货币政策	强
区域协调	同一地区内的国家(如欧盟、东盟)	影响区域内经济和金融市场稳定	解决共同的经济和金融问题,提高区域金融稳定性	欧元区国家通过欧洲稳定机制(ESM)协调财政政策和货币政策	强

资料来源:笔者整理。

　　在货币政策国际协调的类型方面,主要包括信息共享、政策对话和协同行动。信息共享是国际货币政策协调的基础,通过共享信息,可以更好地理解其他国家的经济状况和政策意图,减少不确定性。政策对话是通过直接沟通讨论各自的货币政策,评估政策的跨境影响，并探讨可能的协调策略。此外，在面对全球性挑战时，如国际金融危机或全球经济衰退，各国可能会采取协同的货币政策行动，包括同步降息或提供流动性支持等，以共同稳定金融市场和促进经济恢复。

但国际货币协调在现实中也面临一些挑战。一方面，一国可能更关注控制通胀，而另一国则可能更注重促进经济增长，不同的经济状况使这些国家在货币政策目标上有不同的优先级。另一方面，即使国家同意在货币政策上进行协调，政策的制定和执行过程中的不确定性也可能导致实际效果与预期存在偏差。特别是，全球金融市场的高度复杂性和相互连通性意味着一个国家的政策变动可能会通过多种渠道影响其他国家，这使得预测和管理政策的跨境影响变得更加困难。

如何看待金融开放、金融安全、金融发展的关系？

金融开放、金融安全、金融发展三者之间相辅相成、相互协调。自 20 世纪末以来，随着全球化的推进，金融开放已成为世界经济发展的重要趋势。国际货币基金组织和世界银行等国际组织均鼓励各国放宽金融市场准入限制，以促进资本的自由流动。

金融开放使得资本跨境流动成为可能，不仅为发展中国家带来了急需的外资，还促进了全球金融市场的整合。例如，中国自加入世界贸易组织后，通过一系列金融改革和开放措施，显著提高了外资银行和保险公司在中国市场的参与度，进一步推动了金融市场的竞争和效率。

然而，金融开放同时伴随着风险和挑战的增加。资本的快速流入和流出可能会引发金融市场的波动，加剧经济周期的波动，造成如1997年亚洲金融危机等后果，危害金融安全。因此，加强金融监管、确保金融系统的稳定和安全成为各国政策制定者面临的重大挑战。对此，中国在推进开放的过程中也采取了多项措施加强监管，如增强金融机构的资本充足率要求、改善风险管理体系、加强对跨境资本流动的监控等，以提高金融系统的韧性。

金融发展是金融开放和金融安全共同作用的结果。在数字化和全球化的背景下，数字经济的兴起为金融发展提供了新的机遇。移动支付、区块链技术和人工智能等的应用，不仅降低了跨国金融机构的协调成本，还提高了金融服务的效率和安全性，促进了金融产品与服务的创新以及金融体系的完善，使金融业更好地服务于实体经济，促进经济增长。

>> 知识链接　　金融开放、安全与发展的韦恩图解

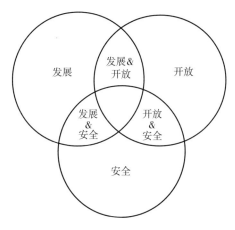

图 6-7　金融开放、安全与发展的韦恩图解

资料来源：Dani Rodrik，*The Globalization Paradox: Why Global Markets, States, and Democracy can't Coexist*，Oxford University Press，2011。

2011 年哈佛大学教授丹尼·罗德里克（Dani Rodrik）在其著作《全球化的悖论》（*The Globalization Paradox*）中探讨了全球化与国家政策之间的权衡，特别是在开放经济中如何维持政策自主性与经济稳定性。对于金融领域开放、安全和发展三者的关系可以用图 6-7 表示。

总体而言，金融开放、金融安全、金融发展三者之间

相互影响、相互促进。金融开放指的是金融市场对外资的开放程度，包括资本项目的可兑换、外资金融机构的市场准入等。金融安全则强调保护金融系统免受风险的侵害，确保金融市场的稳定性和可持续发展。金融发展涉及金融市场的深化、金融服务的创新以及金融体系的完善。这三者相交的中心区域象征着在金融开放、金融安全、金融发展之间寻求平衡的重要性。即在推动金融市场的开放和发展的同时，还必须采取有效措施确保金融体系的稳定性和安全，以促进健康、可持续的经济增长。

100 中国如何平衡金融开放、金融安全、金融发展？

在全球化深入发展、国际经济形势复杂多变的时代背景下，中国经济高质量发展需要金融高质量发展支持，需要在更高水平上处理好金融开放、金融安全、金融发展三者之间的关系。

在金融开放方面，中国展现了对内对外并重的开放策略。一方面，加强了与港澳地区的金融联系，出台了一系列政策和措施，如内地与香港利率互换市场互联互通的合作管理暂行办法、粤港澳大湾区深化金融科技创新监管合作的谅解备忘录，以及跨境理财通业务试点实施细则等，这些措施不仅加强了区域内的金融合作，也为金融市场的进一步开放奠定了基础。另一方面，中国也致力于加强与国际社会的金融沟通与合作，推出了多项政策，如推动银行业对外开放。继美国运通公司（American Express）之后，美国第二大银行卡清算机构万事达（Master Card）于 2023 年 11 月 17 日获得中国人民银行核发的银行卡清算业务许可证；进一步优化外商投资环境。2023 年 8 月，国务院印发《关于进一步优化外商投资环境　加大吸引外商投资力度的意见》，提出要营造市场化、法治化、国际化一流营商环境，更大力度、更加有效吸引和利用外商投资。中国证监会数据显示，截至 2024 年 4 月 9 日，获批 QFII 资格的外资机构数量从 QFII 入市时的 2 家增长至 810 家。这一系列措施均旨在加强与世界各国的经贸沟通，推动国际金融合作与交流。

在金融安全方面，中国人民银行采取了多项行动，在确保金融开放的同时保障金融系统的稳固。2023 年 7 月，中国人民银行调整了企业和金融机构跨境融资的宏观审慎调节参数，从 1.25 上调至 1.5，旨在进一步完善全口径跨境融资的宏观审慎管理体系，增加企业和金融机构跨境资金的来源，引导企业优化资产负债结构，从而增强经济的外部抵御力。此外，中国人民银行还规范了银行间债券市场的债券估值业务，以保护投资者的合法权益，促进债券市场的平稳健康发展，相关政策于 2024 年 1 月开始实施。

在金融发展方面，中国政府及其相关部门发布了一系列政策文件，旨在推进普惠金融的高质量发展。2023 年 10 月，国务院印发的《关于推进普惠金融高质量发展的实施意见》明确了未来五年普惠金融发展的指导思想、基本原则和主要目标，标志着中国普惠金融发展进入了一个新的阶段。2023 年 11 月，中国人民银行和国家外汇管理局在总结前期试点经验的基础上，发布了《关于提升银行办理资本项目业务数字化服务水平的通知》，推动资本项目业务的数字化服务在全国范围内推广，这不仅提高了金融服务的效率和便利性，也是金融科技发展的重要体现。此外，以农村商业银行为代表的大中小银行业纷纷提出改革措施来化解自身风险，提高服务效率。例如，截至 2020 年底，北京、上海等 4 个直辖市和安徽、湖北等 8 个省份的农信社改制成农商行的任务已经完成，极大地降低了农信社省级机构的信用风险，提升了其服务能力。2024 年，贵州、青海和黑龙江等多个省份均发布《政府工作报告》，强调持续推进农信社、城商行改革这一系列举措。

因此，中国经济在面临全球经济复苏不均衡、国内经济稳定回升基础不稳固等挑战的同时，通过一系列政策措施，展现了经济长期向好的基本面，以及在金融开放、安全和发展方面取得的积极进展。未来这些措施的进一步优化和完善不仅将增强中国经济的发展韧性、潜力和活力，推动经济持续健康发展，也将为世界经济发展贡献更大的力量。

后 记

在《货币政策学习百问》的编写过程中，以下人员亦有贡献（按姓氏拼音排序）：白雪苑、崔洁、刘越、强皓凡、商倩、薛昕安、张必佳、张斌。

一本书籍的出版离不开每一位参与者严谨、细致的工作，离不开每一位参与者所提供的思想、观点的碰撞。在新书付梓之际，感谢以上人员在书稿完成过程中给予的帮助。

《货币政策学习百问》编委会

2024 年 6 月

策划编辑：李甜甜

封面设计：胡欣欣

图书在版编目（CIP）数据

货币政策学习百问 / 中国人民大学国际货币研究所 组织
编写 . -- 北京：人民出版社，2024.7. -- ISBN 978 - 7 - 01 -
026682 - 4（2024.12 重印）

Ⅰ. F820.1 - 44

中国国家版本馆 CIP 数据核字第 2024KM9073 号

货币政策学习百问

HUOBI ZHENGCE XUEXI BAIWEN

中国人民大学国际货币研究所　组织编写

人民出版社 出版发行

（100706　北京市东城区隆福寺街 99 号）

中煤（北京）印务有限公司印刷　新华书店经销

2024 年 7 月第 1 版　2024 年 12 月北京第 2 次印刷

开本：880 毫米 × 1230 毫米 1/32　印张：8.875

字数：173 千字

ISBN 978 - 7 - 01 - 026682 - 4　定价：39.00 元

邮购地址 100706　北京市东城区隆福寺街 99 号

人民东方图书销售中心　电话（010）65250042　65289539